[日]箭内亘◎著
陳捷 陳清泉◎譯

遼金乣軍及金代兵制考

山西出版傳媒集團
山西人民出版社

圖書在版編目(CIP)數據

遼金糺軍及金代兵制考 / [日] 箭内亘著；陳捷，陳清泉譯. —太原： 山西人民出版社，2015.9(2024.2重印)
(近代海外漢學名著叢刊 / 鄭培凱主編)
ISBN 978-7-203-09065-6

Ⅰ. ①遼… Ⅱ. ①箭… ②陳… ③陳… Ⅲ. 軍事史-研究-中國-遼金時代 Ⅳ. ①E294.6

中國版本圖書館CIP數據核字(2015)第204855號

遼金糺軍及金代兵制考

叢刊主編　鄭培凱
著　　者　[日] 箭内亘
譯　　者　陳　捷　陳清泉
責任編輯　王新斐

出 版 者　山西出版傳媒集團·山西人民出版社
地　　址　太原市建設南路21號
郵　　編　030012
發行營銷　0351-4922220　4955996　4956039
　　　　　0351-4922127(傳真)
天猫官網　https://sxrmcbs.tmall.com　0351-4922159(電話)
E-mail　sxskcb@163.com　發行部
　　　　　sxskcb@126.com　總編室
網　　址　www.sxskcb.com

經 銷 者　山西出版傳媒集團·山西人民出版社
承 印 廠　山西出版傳媒集團·山西新華印業有限公司

開　　本　700mm×970mm　1/16
印　　張　9.5
字　　數　72千字
版　　次　2015年9月　第一版
印　　次　2024年2月　第二次印刷
書　　號　ISBN 978-7-203-09065-6
定　　價　48.00圓

近代海外漢學名著叢刊編委會名單

出版説明

近代海外漢學名著叢刊選取一九四九年以後未再刊行之近代海外漢學作品，編例如次：

一、本叢書遴選之作品在相關學術領域具有一定的代表性，在學術研究方嚮、方法上獨具特色。

二、爲避免重新排印時出錯，本叢書原本原貌影印出版。影印之底本皆經專家組審定，原書字體大小、排版格式均未做大的改變。

三、爲使叢書體例一致，本叢書前言、後記均采用繁體字排版。

四、個别頁碼較少的版本，爲方便裝幀和閲讀，進行了合訂。

五、少數作品有個别破損之處，編者以不改變版本内容爲前提，部分進行修補，難以修復之處保留缺損原狀。

六、原版書中個别錯訛之處，皆照原樣影印，未做修改。

由於叢書規模較大，不足之處，在所難免，殷切期待方家指正。

總序／温故而知新

晚清以來，西力東漸，西方文化思想的著作也大量譯成中文，最著名的如嚴復與林紓的譯著，影響了整個二十世紀中國的知識界與文學界，使得中國文化的思維脈絡爲之丕變。除了西方思想經典、文學與實證科學著作的翻譯，以實證方法系統化探討中國文史的域外漢學，也對中國學術思想界産生了莫大衝擊，改變了中國學術的著述方法與取嚮。

中國傳統的知識結構，是按經史子集四庫分類的，以儒家意識形態的經學爲文化知識的砥柱，以史學爲貫串歷史經驗的殷鑒，至於子部與集部，則是作爲保存文獻、擴大知識面的附帶知識，可以耽情冥想，可以悠遊玩賞，却都是邊緣化的知識，無關聖教的弘揚，無關文化精髓的宏旨。西方文藝復興之後的現代學術體系，在知識分類上，與中國傳統大相徑庭，講究系統分科，不同知識領域各有其客觀存在的價值，有其相對獨立的目的與標準。日本知識界在明治維新以來，鑒於東方文明落後於西方的船堅炮利，率先效法西方，在追求「文明開化」、「脱亞入歐」的過程中，爲日本學術發展循着現代西方的體例，建立了哲學、文學、歷史學、經濟學、法學、商學、物理學、化學、地質學、醫學、農學、工程學、植物學、動物學等等新型學科，企圖與西方學術齊頭並進，從而影響了中國近代學術體系的發展。

本叢刊選印二十世紀上半葉出版的漢學譯著近百冊，分爲三大類：「歷史文化與社會經濟」、「古典文獻與語言文字」、「中外交通與邊疆史」，反映民國時期學術界重視西方及日本漢學研究的成果，藉助他山之石，重新審視中國傳統歷史文化的意義，特別是開拓了傳統學術忽略的領域。五四新文化運動以來，中國學者如蔡元培、胡適都提倡「整理國故」，以理性實證的方法，對中國文化傳統做出系統化的研究，是與這些漢學譯著相輔相成的。這些譯著除了介紹域外漢學的成果，還引進了嶄新的學術研究方法與視角，有助於梳理中國文化傳統的脈絡，重新整合知識結構與學術體系。雖然這些學術著作不是中國學者的成就，無法納入二十世紀中國文史學術的主脈，但是從中文譯本的影響而言，起碼也應當視爲中國近代學術發展的支脈或潛流，不容忽視。可惜的是，到了二十世紀下半葉，因爲兩岸政治形勢的變化，這些漢學譯著，除了部分因王雲五重新入主臺灣商務印書館，而得以在臺灣做了少量的重印，在大陸的出版界，則完全受到遺忘，甚至在許多新成立的大學圖書館中也不見踪影。我們搜集了近百冊塵封的漢學譯著，呈現給二十一世紀的中國學術界，一方面是爲了銘記前人爲推展學術而做出的努力，另一方面也是爲了提醒新常態時期的學人，學術發展有其歷史累積的脈絡，可以從中汲取歷史經驗，温故而知新。

説到「温故知新」與這批早期漢學譯著的關係，可以從兩個方面來思考，以見翻譯域外漢學如何反映了時代精神，爲融匯東西方學術思維，重新闡釋中國文化傳承，做出不可磨滅的貢獻。一是域外漢學的研究對象，以中國歷史文化典籍爲主，屬於中西文化碰撞期間興起的「國學」範疇，與五四新文化人物提倡的「整理國故」運動若合符節。研究中國歷史文化，並賦予新的學術意義，是清末民初知識精英念兹在兹的心結。歷史發展走到一個環節，時代的狂風揚起了批判傳統的大旗，風中的英雄幫着推波助瀾，却又無時或忘自己民族文化主體的未來，糾纏於「傳統」能否「現代」的困境。域外漢學的出現，以西方實證方法研究中國歷史文化傳統，綜合東西方各種語言文字材料，擴大了研究國學的眼界，即使無法打開中國文化傳統是否走到盡頭的心結，至少是提供了一個解惑的方嚮，在大霧彌漫的夜晚，看到了依稀渺茫的星光。

二是翻譯域外漢學，有一種以子之矛攻子之盾的吊詭作用，逐漸化解了中國文化思維中的自大心理與封閉心態，讓唯我獨尊的國粹基本教義派解除武裝到牙齒的盔甲，轉而吸收並接受西方實證研究的學風。民國期間新式教育制度的推行、學術體系的變化、大學學術專業的創建，具體到北京大學國學門的成立，中央研究院規劃歷史、語言、考古的研究領域，都與翻譯域外漢學背後的旨意是息息相關的。因此，重新閱覽這批民國期間的漢學譯著，對二十一世紀的現代學人來説，温故而知新，不但可以窺知民國學人追求新知的心理狀態，也會刺激吾人反思，認真思考學術研究方法與中國學術發展的前景，更進一步，探索文化傳統的重新闡釋與新知介入的關係。知識體系的變化當然與傳統的重新闡釋有關，是外爍的影響大呢，還是内因變化的成分居多？

論語·爲政記載孔子説：「温故而知新，可以爲師矣。」歷代解經，對這個「爲師」的道理，有兩種相近似但又取嚮不同的解釋。朱熹四書集注説：「故者，舊所聞。新者，今所得。言學能時習舊聞而每有新得，則所學在我而其應不窮，故可以爲人師。若夫記問之學，則無得於心而所知有限，故學記譏其不足以爲人師，正與此意互相發也。」雖然朱熹把知識分爲「舊所聞」與「新所得」，强調的却是「學而時習之」，從中生發新的心得，也就是從詮釋舊典中得到新知。這個説法與朱熹在鵝湖之會以後，作詩唱和，寫給陸九淵的詩句，「舊學商量加邃密，新知涵養轉深沉」，异曲同工，是一個意思，萬變不離其宗，舊學與新知是同一個脈絡的知識學理。

然而，有些朱熹之前的經學家，解釋「温故知新」，却有不同的取嚮。皇侃論語義疏就説：「故，謂所學已得之事也。所學已得者則温尋之不使忘失，此是月無忘其所能也。新，謂即時所學新得者也。知新，謂日知其所亡也。若學能日知所亡，月無忘所能，此乃可爲人師也。」皇侃明確説到，「故」指的是過去所學的知識，而「新」則指的是新近學到的知識，新舊結合，相互發明，就可以「爲人師」了。邢昺論語注疏循着皇侃的思路，也説：「言舊所學得者，温尋使不忘，是温故也。素所未知，學使知之，是知新也。既温尋故者，又知新者，則可以爲人師也。」這裏講的「素所未知」，就不衹是研讀舊學，有了新的體會，從過去的傳統中發展出的「新知」，而是從來没聽過、没想過的新學問了。這種「素所未知」的新學問，結合「舊所聞」，對習以爲常的知識框架，就會産生巨大的衝擊，而出現飛躍性的結構變化。知識内容或許大體沿襲傳統，知識結構却得以重新整合，出現嶄新的認知系統，重新審視自己文化傳統的意義，打開文化傳承的新局面。二十世紀上半葉的漢學譯作，就發揮了這樣的作用，促使中國學者放棄自我中心的文化態度，從各種不同側面，探知中國歷史文化的光譜，以域外（或是全球）的角度觀測中國傳統，摇動了文化的萬花筒，看到七彩繽紛的中國。

嚴復在甲午戰争之後，改良變法思想風起雲涌之時，開始大量翻譯西方思想經典著作，是有感於國人（特别是傳統文化孕育的知識精英）思維系統封閉，企圖介紹實證新知，引進邏輯思維的方法，以破除儒學之道「一以貫之」與「放之四海而皆準」的虚妄。他翻譯天演論，在序文中提到，有人歸納東西方學術思想，認爲中國文化重精神，是形而上之學，立意高超，而西方文化重物質，是形而下之學，衹追求功利的回報。他認爲，這種自以爲是的蒙昧態度，陷入傳統舊學的框囿而不自知，没有自我反思的能力，無法吸收「素所未知」的新知識，也就無法開展並弘揚自己的文化傳統。嚴復非常清楚他翻譯西方經典的目的，是爲了介紹新知，打破中國傳統思維的封閉性，但是，作爲披荆斬棘的拓荒人，他深知思想封閉者的頑固心理，必須因勢利導，以免遭到盲目衛道之士的攻訐。嚴復有其防身的策略，不會像許褚戰馬超那樣赤膊上陣，而是以桐城文章譯述赫胥黎、斯賓塞、穆勒、亞當·斯密、孟德斯鳩，博得晚清知識精英的贊許，文章深閎而傳入了新知義理。從文化變遷的角度而言，通過翻譯，以迂迴戰術來介紹西方思想，得到巨大的成功，產生了改變傳統思維體系的實效，是中國近代思想史上影響深遠的大事。以此類推，民國時期大量翻譯域外漢學的影響，也是不容忽視的思想史課題。

關於清末民初西方學術思維衝擊中國知識精英，顛覆傳統文化的知識結構，錢穆在現代中國學術論衡的序言中，從中國文化本位的立場，發出深刻的感慨，做了籠統的批評：「文化异，斯學術亦异。中國重和合，西方重分別。民國以來，中國學術界分門別類，務爲專家，與中國傳統通人通儒之學大相違异。循至返讀古籍，格不相入。此其影響將來學術之發展實大，不可不加以討論。」錢穆所指出的問題，是傳統知識體系强調「通」，文史哲不分家，最崇尚通儒，而現代學術講究專業分科，各司其職，以至於讀不通古籍呈現的整體性知識思維。姚名達在撰寫中國目録學史的時候，對西力東漸，西潮帶來的翻譯著作及新知新學，也有類似的感慨：「四部分類法，不合時代也，不僅現代爲然。自道光、咸豐允許西人入國通商傳教以來，繼以派生留學外國，於是東西洋洋籍逐年增多。學問翻新，迥出舊學之外。目録學界之思想不免爲之震蕩。」這種對學術體系發生重大變化的觀察，反映了中國學人從晚清一直到民國，夾在東西方兩種不同思維體系的衝突中，身歷其境的切身感受，因此感觸良多。

二十世紀上半葉最能代表中國學術的通儒是王國維與陳寅恪，他們浸潤了經史子集的四部知識傳統，承繼乾嘉篤實的考據學風，却都經過西洋邏輯思維與實證科學的洗禮，參與中國知識結構的轉型。對西方現代知識結構如何在中國生根發芽，不但再三致意，并且以自己的學術實踐來努力促成。王國維早在一九〇二年就寫信給張之洞，反對把經學列爲大學分科之首，而主張效法西方與日本的大學，設立哲學科，明確指出知識結構的分類不可因循傳統，而必須另起爐竈。陳寅恪在一九二五年就清華大學建制的問題，寫了吾國學術之現狀及清華之職責，指出大學的職責在於學術之獨立，而中國學術界的情況令人十分不滿，必須認真效法西方學術的體制及實踐。他說：「蓋今世治學以世界爲範圍，重在知彼，絕非閉門造車者比。」這兩位國學大師，對西方與日本的漢學研究十分注意，都是以開放態度對待域外漢學研究，集思廣益，以成其大家。

再回到「温故知新」的歷代經解，說說文化傳承的闡釋學意義。劉寶楠在論語正義中指出，上古之時，文化知識是上層統治精英的家學，不再治理實際政事的長者可以傳遞德行的知識，可以爲人師。「温故而知新」，就顯示長者不忘舊時所學，且能吸收新知，繼承并發揚這種學術與政治合一的傳統。到了孔子之時，時代出現了變化，士大夫不見得能夠謹守家法，弘揚德行，也不一定能夠「爲師」了。孔子之後，世變日亟，「道術爲天下裂」，文化知識不再爲少數統治精英所壟斷，也不必然與治理政事有關，學術在民間百花齊放，百家争鳴。但是，學術知識發展的脈絡基本未變，仍然是要温故知新，進德修業。從劉寶楠不經意的闡釋中，可以看到時代變遷影響了學術文化的内容，改變了知識結構的體系，但其内在發展的理路仍舊，還是需要舊學與新知的融合，才能有所發展。

劉寶楠還引述了劉逢禄的解釋：「故，古也。六經皆述古昔、稱先王者也。知新，謂通其大義，以斟酌後世之製作，漢初經師皆是也。」劉寶楠贊成這個說法，並指出，漢唐人解釋「知新」，大多數都沿用此意。也就是說，舊學是傳統的知識結構體系，新知是時代變化出現的新知識，必須相互斟酌，才能發揮得宜。至於如何對舊學「通其大義」，就見仁見智，各有說法了。從這個通達的詮釋來討論近代西學東漸的情況，我們可以看到，「温故而知新」在民國學人的心底，是産生「傳統」與「現代」糾葛的心理陷阱，不易跨越。若依照朱熹的說法，「學能時習舊聞而每有新得，則所學在我而其應不窮」，雖然在哲理上可以模模糊糊說通，但在清末民初的具體歷史環節，西學的新知屬於完全不同的知識體系，在原有的舊學脈絡中，根本無從立足，如何「其應不窮」？所以，真要放之四海而皆準，提升「温故而知新」的普世意義，以理解域外漢學譯著與近代學術知識體系變遷的文化史意義，我們認爲，皇侃、邢昺，一直到劉寶楠的闡釋，是比較合適，並與現代文化闡釋學的説法相近。

伽達默爾（Hans-Georg Gadamer）在他的名著真理與方法中，説到認知理性與文化傳統的關係，特別指出，人們通過理性，來判斷歷史文化中事實的真相，但是人的理性與生存環境息息相關，與傳統所衍生的豐富文化底蘊有關，不可能完全超越文化傳統的思維脈絡。他認爲，人生活在文化傳統之中，就不可能「遺世獨立」，以全能超越的抽象思辨來認識傳統，甚至是批判或顛覆傳統。傳統是歷史文化延續與傳承的表徵，不會一成不變，而我們的認知理性也會因時代變遷，而不斷重新詮釋傳統。伽達默爾的闡釋學以西方文化傳統爲例，説明新知如何納入傳統，而使文化傳統生機不斷，生生不息，與中國歷代經學家的説法（朱熹除外），有异曲同工之效。以此觀照民國時期的漢學譯著，我們認爲，這批學術新知傳入中國，對中國文化傳統的繁衍與發展，實有承先啓後之功。

近代海外漢學名著叢刊的出版，最值得感謝的是南兆旭先生二十多年來搜羅的執着與努力。雖然這套叢刊不能窮盡民國時期的漢學譯著，但是，能滙集上百册自一九四九年以來在國内不曾重印的學術著作，再度公之於世，總是功不唐捐的大功德。忝爲本叢刊的主編，我面對這批民國學術材料，先是感到紛雜無章，有些原作者的學術素養也難副當前的學術標準，甚爲猶豫。後轉念一想，這是上個世紀中國最紛亂時期的學術記録，也是民生凋敝，國勢隤危，内亂外患交加之際，仍有許多學者孜孜矻矻，戮力翻譯域外漢學，爲中國學術的傳承拓展新知的坦途，不禁肅然起敬，開始用心整理分類。掛一漏萬，在所難免，好在有學殖豐贍的諍友擔任分卷主編，並撰寫各分卷前言，實在是衷心銘感。有傅杰教授負責「歷史文化與社會經濟」、戴燕教授負責「古典文獻與語言文字」、霍巍教授負責「中外交通與邊疆史」，吾道不孤矣。在整理編輯過程中，周威先生費心最多，也是我要衷心感謝的。

道術之存亡，全在人心之鄉背。這批民國漢學譯著重新問世，對我們生長在承平之世的學人，應當有激勵的作用，爲學術研究多盡份力，讓中國學術發展更上一層樓。

鄭培凱

二〇一五年七月

前言

在中國近現代學術史上，一個重大的轉折時期出現在清末民初，中國文化和中國學術幾千年來所積澱的自負和驕傲，受到前所未有的衝擊和挑戰。這種壓力既來自外部，也來自於內部，既包含着一個古老民族對於西方列强從政治、軍事、經濟、文化等各個方面强勢壓迫的自然反抗，也有着當時學人從學術傳統、研究範式、價值取嚮、材料方法等深層次的理性思考。在這樣一個大背景之下，陳寅恪先生因主張「一時代之學術，必有其新材料與新問題」而著稱於世，傅斯年先生也因倡導「上窮碧落下黄泉，動手動脚找東西」而聲名顯赫。其實，傅斯年先生這句名言的出處是在他撰寫的歷史語言研究所工作之旨趣一文當中，在講這句話的前面，他還有很長的一段話比較了當時中西學術發展出現的差距，并且指出了學術發展的三項標準：

> （一）凡能直接研究材料，便能進步。凡間接的研究前人所研究或前人所創造之系統，而不能繁豐細密的參照所包含的事實，便退步。（二）凡一種學問能擴張他研究的材料便進步，不能的便退步。西洋人研究中國或牽連中國的事物，本來没有很多的成績，因爲他們讀中國的書不能親切，認中國事實不能嚴辯，所以關於一切文字審求、文籍考訂、史事辯別等等，在他們永遠一籌莫展。但他們却有些地方比我們範圍來得寬些。我們中國人多是不會解决史籍上的四裔問題

的，丁謙君的諸史外國傳考證，遠不如沙萬君之譯外國傳、玉連之解大唐西域記、高幾耶之注馬可波羅遊記、米勒之發讀回紇文書，這都不是中國人現在已經辦到的。凡中國人所忽略，如匈奴、鮮卑、突厥、回紇、契丹、女真、蒙古等問題，在歐洲人却施格外的注意……（三）凡一種學問能擴充他做研究時應用的工具的，則進步，不能的，則退步。……西洋人做學問不是去讀書，是動手動脚到處尋找新材料，隨時擴大舊範圍，所以這學問才有四方的發展，嚮上的增高。［一］

他這裏所强調的材料的擴充、方法的進步，尤其舉出研究中國「四裔問題」上西方學術界的重視與所獲成績的例子，實際上都暗含着兩層意思在内：其一，是倡導重視除文獻材料之外地下材料的出土，號召學人不讀死書，而要「動手動脚到處尋找新材料」，才有可能拓展學術空間，「隨時擴大舊範圍」。西方學者古書遠遠不如中國人讀得好，却能够不斷拓展新領域，取得新成績，這是一個重要的原因。其二，是主張將研究空間從傳統的中原地區嚮着邊疆地區（亦即舊籍中的「四裔」）拓展，認爲這將是中國學術未來發展的方嚮。他尤其提到的匈奴、鮮卑、突厥、回紇、契丹、女真、蒙古等問題，都是國人重視不足，但「在歐洲人却施格外的注意」的新問題。直到今天看來，傅斯年先生所倡導的這個方嚮，也仍然具有深遠的戰略眼光。民國時期學術所受海外漢學的影響是多方面的，而其中對於中國邊疆、民族和中外文化關係等方面的研究成果尤其引人注目，也爲時人所重視，都與這個時代背景有着密切的關係。

近代以來，西方學者（包括被國人視爲「東洋」的日本學者在内）的一批學術著作陸續被翻譯成中文出版，成爲當時國人瞭解西方並從而反觀自身的一面鏡子。其中，被選入本套近代海外漢學名著叢刊的許多名

［一］傅斯年：歷史語言研究所工作之旨趣，國立中央研究院歷史語言研究所集刊第一本第一分，民國十七年十月。

家著作，堪稱其代表之作。這當中，有對中國古代民族史進行深入研究的白鳥庫吉著康居粟特考、帕克（E.H.Parker）所著匈奴史、津田左右吉著渤海史考等名著，也有涉及中國古代民族制度文化史的箭內亘著元朝制度考、元代經略東北考等系列研究專著。尤其是在中外文化交流和關係史方面，日本學者桑原騭藏著唐宋貿易港研究、木宫泰彦著中日交通史等著作，都開啓了這個領域的研究先河，影響甚爲深遠。

這批海外漢學名著的學術特點非常突出，一方面，它們大都充分利用了豐富的中國古代歷史文獻進行精深的文本分析，體現出作者的漢學水平和深厚的古文獻根基；但另一方面，從總體的研究方法上却與傳統的中國學術大相徑庭，作者已經不再像二十四史的史家那樣仍舊站在中原王朝正統史觀的立場來觀察所謂「四裔」，進行粗綫條的描述，而是以西方考古學、人類學、社會學等全新的研究方法和理論對研究對象從歷史語言、地理環境、社會組織結構、人群遷移流動、對外文化交流等不同的層面和角度加以剖析，從而展示出前所未有的學術新格局。在這批著作中，還有一部分屬於作者實地考察的行記，如鳥居龍藏所著東北亞洲搜訪記等，無論其學術水平如何參差不齊，但都體現出西方學術界重視田野工作、擴大和豐富新材料的研究取嚮，也和當時西方學者大規模進入我國邊疆地區開展所謂「考察」、「探險」活動的歷史背景相互呼應，由此對中國學人所産生的激烈震蕩和隨之而來「敦煌學」、「西夏學」、「蒙古學」、「藏學」等新的研究領域的形成，應當説都與之不無關係。

我們不能不注意到，在這批海外漢學名著中，日本學者的著述頗豐，這個特點也反映出近現代學術史上「東洋」與「西洋」之關係。自明治維新以來，日本以「脱亞入歐」爲國家目標，不僅在政治、經濟和軍事上努力以西方爲效仿和追趕對象，在文化上也與傳統的「以中國文化爲師」的模式拉開距離，出現了學術文化上的明顯轉型。在嚮西方學術學習借鑒方面，日本的確走在了中國的前頭，甚至承擔了嚮中國「轉手」輸入西方文化的「中間人」的角色。在中國的邊疆、民族、中西交通史等方面，日本學術界和西方學術界聯繫緊密，將其對中國傳統史籍的精深理解和西方研究範式的具體實踐有效加以結合，產生出一批重量級的學術成果，這也是清末民初投射在中國學術史背景上的一個濃重剪影。

當然也無須諱言，由於時代的局限，這套叢書所能够借以參考、使用的實物史料隨着地上地下考古文物的不斷發現，已經顯得落後。自二十世紀五十年代以來，中國學者在邊疆考古領域取得了重要的成績，尤其是在新疆、西藏、内蒙古、東北各地的田野工作爲匈奴、鮮卑、粟特、吐蕃、突厥等若干古代民族問題的研究都提供了大量新材料，提出了不少新問題。但是我們不能苛求前人，放在當時的歷史背景之下來看，叢書作者所顯現的問題意識、史料運用和研究方法，至今也仍然是具有借鑒作用的。

最後我們還應注意到，這批海外漢學著作的譯者有些是國人知曉的史學名家，如向達先生、趙敏求先生、方壯猷先生等，他們均具有深厚的傳統國學根底，也具有寬廣的國際視野，其中如向達先生曾遊學歐洲多國，在敦煌學、中西文化交流史研究等方面建樹卓越。但是，也還有更多的編譯者今天已經不再爲人知曉，這反而證明了一個事實：在清末民初這個中國近現代學術史轉型時期，西方學術所帶來的衝擊和影響，不僅僅波及少數學術精英，而且也深刻地震蕩着社會各個階層，中國人嚮西方學習從而變革求新、救亡圖存的强烈願望，可以説是這些譯著當年問世時最爲直接的「催生劑」。今天，在中華民族爲實現偉大的民族復興和「中國夢」的美好願景而努力奮鬥的新時代，重讀這套叢書，「温故而知新」，可以説是意味深長。

四川大學教授、博士生導師、教育部長江學者特聘教授

霍　巍

作者簡介

著者

箭内亘（Yanai Wataru，一八七五年—一九二六年），日本蒙元史學家，號尚軒。一九〇一年畢業於東京大學史學科。後進大學院，研究中國耶穌教史。一九〇八年參加白鳥庫吉主持的南滿鐵「學術」調查部，爲滿洲歷史地理和滿鮮地理歷史研究報告遼、金、元三朝的主要撰寫人。一九〇九年曾赴中國東北、遼東、遼西地方搜集資料。一生發表論文三十餘篇，内容以蒙元制度史和歷史地理居多。制度史研究方面尤以元之「忽裏勒臺」制度、禁軍和社會階級制度研究爲精；歷史地理方面的主要代表作爲東真國之疆域、元代滿洲疆域、元明時代的滿洲交通路等。

譯者

陳捷，資料不詳。

陳清泉（？—約一九四一年），號味菊、味菊軒主。從事日本名著翻譯，著有諸子百家考，譯有中國音樂史、朝鮮通史、中國經濟史概説等。

遼金糺軍及金代兵制考

目次

遼金糺軍及金代兵制考

一 遼金時代糺軍之研究（原載日本大正四年七月史學雜誌第二十六編第七號）

緒言

一 糺字之音義

二 糺軍之組織與任務

甲 遼之糺軍

乙 金之糺軍

緒言

糺字始見於遼史，其後金史屢見之，最後散見於元史太祖本紀兵志王檝傳等。在吾人所見之各本遼史中南監本乾隆四年校刊本皆無糺字，而代以紏字，一若遼代無糺字者。然作紏者，南監本以下之誤也。原書作糺，殆無可疑。錢大昕養新餘錄中卷云：「字書無糺字，始見於遼史。」錢氏精通金石文字之學，既爲此說，可知其本作糺字而非紏字；且知錢氏所見之遼史，紏皆作糺矣。此字乃寫契丹語之音者，爲遼人創製之字，殆無可疑。但其原語爲何？又作何音？今日學界，猶爲一疑問。錢氏雖抄錄遼史百官志語解，金史百官志地理志等書中關於糺軍之記事，但對於其字之音與義，及其軍隊之性質，未曾言及。由此觀之，以錢氏之博學，猶不能解釋也。康熙字典備考，謂字彙補云「金有獲衞糺軍，疑卽紏字」，可見編字典者，亦全不解，不過漫然附會爲紏字耳。吾人固知糺卽糺字，而決非紏字，但因不知其音，每假紏字之音讀之。糺字之音，姑假紏字音讀之，雖無甚不可；但若欲研究其意如何？其原語又如何？則先當究明其原音。故糺軍爲何軍之問題，苟欲研究遼金元歷史者，固無不望早得解決也。今敢草此小篇，以乞大方斧正。

一　乣字之音義

元史類編卷一，世紀一，太祖九年條，記金中都乣軍降蒙古事，其註曰：「乣音冥，遼東君也，凡二十五部族。」元史類編，乃清朝邵遠平於康熙三十八年（一六九九）獻於聖祖者。始爲弘簡錄之續編行於世，乾隆六十年（一七九五）始離弘簡錄而爲別史。邵氏乣音冥之說，有何根據，無由知之；觀其引用書籍之目錄，有已全亡者，有現存而爲日本所未有者。要之此註釋，當必有確實出處，故在定乣字音上，到底不可忽視。然如錢大昕爲精通史學及說文學之人，且曾作二十二史考異；關於元史亦多著述；不應不知元史類編。然猶考乣字之音義而不得其解，又似不知類編中有此說者，事極可怪。其後李有棠編金史紀事本末，在元人克燕條中，關於中都乣軍背叛事註中，曾轉載類編之「乣音冥」說；但編者之意見全未得聞。其他如魏源之元史新編，屠寄之蒙兀兒史記等，亦當言之而絕不言；於是邵氏所讀乣字之音，全無人注意，無人研究，以至於今。余以爲邵氏之說果是，則宜從之；若非，則當辯其所以非。從來學者，殆未知之；知之而有默殺之觀，決不得謂爲忠於學者也。

邵氏讀乣音爲㝠已如前述；頃讀黑韃事略，發見一文如左：

其軍卽民之年十五以上者，有騎士而無步卒人二三騎，或六七騎。五十騎謂之一糾。（都由切。卽一隊之謂。）

按黑韃事略，乃宋理宗時，彭大雅及徐霆，奉命使於蒙古太宗之廷時之蒙古見聞談也。嘉熙元年（一二三七）徐霆編纂，故書中所記，皆蒙古太祖朝及太宗朝之初期，蒙古創業時代之實況，極堪寶貴之史料也。據前引之文，蒙古稱五十騎爲一糾，糾音都由切，讀若 tu 或 tyu，卽一隊之意。然康熙字典糾字居黝切，又吉酉切，讀如 kiu；又舉夭切，讀若 kio；然據 giles 之漢英字典作 kau, kiu, chiu, ku, 等音，而無 tu, tyu 等音。蓋糾字原作乣，傳寫之際，先誤作糺，後因糺糾相通，故今本作糾。黑韃事略本屬稀見之書，各家書目，均不著錄。宋末以來，輾轉傳寫，文字訛奪頗多。試以今本二三種對照觀之，則見將乣誤糾之類，到處有之。

於是吾人知乣字之音有二說，卽元史類編音㝠卽作 mien, ming, bei, hen, 之音。黑韃事略作 tu tyu 之音。mien, bei 與 tu, tyu 全異，吾人果以何者爲正而從之乎？

金廢帝亮，將親率大軍伐宋，徵兵於全國；命西北路契丹人，悉出其壯丁；契丹人拒命而叛，諸羣牧多應之者，不從者皆被彼等所殺。金史卷一二一温迪罕蒲睹傳記此次被殺之羣牧之名，有兀者。羣牧使温迪罕蒲睹，迪斡羣牧使徒單賽里，耶魯瓦羣牧使鶴壽，歐里不羣牧使完顏朮里骨等四人。金史卷二四地理志西京路條所舉十二羣牧爲斡獨椀（大定四年改斡覩只）蒲速斡（世宗本紀及兵志作蒲速椀）耶魯椀（兵志作耶盧椀）訛里都，乣斡歐里本，烏展，特滿，駝駝都，訛魯都，忒恩，蒲鮮。（最後二羣牧承安四年創置）兩相參照，兀者似卽烏展，耶魯瓦似卽耶魯椀，歐里不似卽歐里本，惟迪斡無可比定。然金之羣牧亦不必限於前記十二處，因時有前後，故其名與數各異也。金史卷四四兵志曰：

金初因遼諸抹而置羣牧，抹之爲言，無蚊蚋美水草之地也。天德間（西曆一一四九—一一五二）置迪河斡朵，斡里保，（保亦作本，與歐里不，歐里本同。）蒲速斡，燕恩，兀者五羣牧所，皆仍遼舊名，各設官以治之。……後稍增其數爲九。契丹之亂，（西曆一一六〇—一一六二）遂亡其五，……世宗置所七，曰特滿，忒滿，斡覩只，蒲速椀，歐里本，合魯椀，耶盧椀。

觀此可知時有增減矣。今據右文，知地理志所載十二羣牧以外，有迪河斡朵，燕恩，忒滿，合魯椀四羣牧。卽金之羣牧名中前後已知其十六。此外當契丹叛亂以前，增置之四羣牧，到底無由知之。但世宗所置七羣牧中，與天德年間所置，同名者有二，由此觀之，此四羣牧之名，似包含於前記十六羣牧中者。地理志所載之數，與兵志所載之數相異者，似亦因此。吾人於是將求温迪罕蒲睹傳中之迪斡羣牧之名，於十六羣牧之中。忒恩，蒲鮮，二處，皆承安四年（一一九九）創置，故契丹叛亂時羣牧之最大多數，乃除此二羣牧之十四羣牧也。今在此十四羣牧中，求可比定迪斡者，惟一糺斡。則蒲睹傳之迪斡羣牧，當卽地理志之糺斡羣牧也。因可以推測糺字之音，或與迪字相同，或相近似。迪字北平音作 ti，廣東音作 tik，tek，朝鮮音作 chök，日本音作 teki djaku，糺字音當亦大同小異。

以上將金代羣牧之總數，推定爲十六，據其結果，推測糺字之音爲ti 或相近似，此雖不能爲定論，但能與黑韃事略之說符合，則不能必謂爲偶然也。因而黑韃事略之說，較元史類編爲可信。元史類編係淸初所編纂，去用糺字最後時期之元初，已在五百年之後。黑韃事略則成於親至蒙古親自見聞元初事物之人之手，其中所記之制度文物，其價値固非元史類編所可比擬也。作類編者，謂糺音冥本有何等根據，原無可疑。但黑韃事略既云音都由切，（tu，tyu，）則吾人覺信從黑韃事略之說，遠較安全。

據白鳥博士之說，謂遼史語解云「乣軍字也」言乣爲軍字之意。又遼史禮志及語解云：「炒伍㑩戰也」炒伍㑩卽蒙古語之 šagor，燕北雜記（遼史拾遺所引）云「粆離是戰」則粆離乃 šagor 轉訛而爲 sari 之譯音也。蒙古語又稱戰爲 cherig 是又由 šari 轉訛者。因想及乣字有 tu 及 tyu 之音，當係蒙古語 sagor, sari, cherig 等，訛爲 šache, 者也。

要之元史類編之乣音寘說，比黑韃事略之乣音都由切說，晚五百年。且類編之說，未得何等旁證；而事略之說則旁證頗多。故吾人對於乣字音二說中，決採黑韃事略之說，推定其音爲 tu (tyu, ti)。其字義則古有遼史之說今有白鳥博士之說，爲戰或軍之意，殆無庸疑。

二　乣軍之組織與任務

甲　遼之乣軍

遼史百官志北面軍官條，有十二行乣軍，各宮分乣軍，遙輦乣軍，各部族乣軍，羣牧二乣軍等。其職員有司徒，詳穩，都監，將軍，軍校，隊帥等。十二行糺軍，爲何等軍隊，未詳。由其有十二之數觀之，似與十二宮有關係；但又有各宮分糺軍，則知其無關也。十二宮之名，見於遼史營衛志及兵衛志。營衛志宮衛條曰：「遼國之法，天子踐位置宮衛，分州縣，析部族，設官府，籍戶口，備兵馬，崩則扈從后妃宮帳以奉陵寢，有調發，則丁壯從戎事，老弱居守。太祖曰弘義宮，應天皇后曰長甯宮，太宗曰永興宮，世宗曰積慶宮，穆宗曰延昌宮，景宗曰彰愍宮，承天太后曰崇德宮，聖宗曰興聖宮，興宗曰延慶宮，道宗曰太和宮，天祚曰永昌宮，又孝文皇太弟有敦睦宮。」兵衛志御帳親軍條曰：「太祖以迭剌部受禪，分本部爲五院六院，統以皇族，而親衛缺然。乃立斡魯朵法，（即宮衛）裂州縣，割戶丁，以彊幹弱支，詒謀嗣續。世建宮衛，入則居守，出則扈從，葬則因以守陵。有兵事，則五京二州（南京。西京。東京。中京。上京。奉聖州。平州。）各提轄司傳檄而集，不待調發州縣部族，十萬騎軍已立具矣。」因知各宮分糺軍，乃宮衛諸軍中之由部族徵發者。但雖名宮分糺軍，亦非僅護衛宮殿陵墓，似戰時亦出征者。例如統和四年五月，蕭排押（押一作亞）統永興宮分糺及其他諸軍，與耶律斜軫同與宋軍戰，收復山西城邑是也。再就遙輦糺軍考之，遙輦者，遼皇室祖先之姓氏也；其帳數有九，而甚貴，位在御帳之次，皇族帳之上。遙輦糺軍，殆護衛此九帳之乣軍之謂。但乣軍爲護衞兵之一部，抑爲全部，則不明。要之此乣軍亦與宮分乣軍同，不必僅任護衞；當非常之際，亦赴征伐。試觀太祖征伐渤海時，耶律海里率遙輦乣破忽汗城之事自明。所謂各部族乣軍者，爲部族軍隊之全部，抑爲其一部亦不明。但考營衞志營衞有三種，一曰宮衞，二曰行宮，三曰部族。所謂部族者，「分鎮邊圉，」則此乣軍，爲戍守邊境軍隊之一無疑矣。兵衞志曰，「天贊元年，以戶口滋繁，乣轄疏遠，分北大濃兀爲二部，爲兩節度使以統之。」蓋稱北大濃兀之部族軍隊爲乣者。德威傳（遼史卷八二）亦有德威率突呂不迭剌二乣軍出征之事，亦似稱此二部族之軍隊爲乣軍者。金史卷一二二吳僧哥傳，有「僧哥西南路唐古乙剌乣上沙鷰部落人。」唐古當爲部族之名，乙剌乣當爲唐古部族軍隊之名，上沙鷰當爲其乣軍屯田部落之名。又伯德窊哥傳云「窊哥西南路咩乣奚人，」當爲屬於名爲咩乣之軍隊之奚種人之意。又金史兵志記大定末年邊境之狀態曰：「東北路部族乣軍曰迭剌部，（承安三年改爲土魯渾尼石合節度使）曰唐古部，（承安三年間改爲部魯火札石合節度使）二部五乣，戶五千五百八十五，其它若助魯部族，烏魯古部族，石壘部族，萠骨部族，計魯部族，孛特本部族，數皆稱是。西北西南二路之乣軍十，曰蘇謨典乣，曰耶剌都乣，曰骨典乣，唐古乣，霞馬乣，木典乣，萌骨乣，咩乣，胡都乣，凡九。」地理志西京路條，部族節度使項下，舉烏昆神魯，烏古里，石壘，助魯，孛特本，計魯，唐古，迪烈女古八部族之名。詳穩九處項下，舉咩，木典，骨典，唐古，耶剌都，移典，蘇木典，胡都，霞馬，九乣。今將此二者比較觀之，部族之名，前者有萌骨而無烏昆神魯，後者有烏昆神魯而無萌骨；前者有烏魯古，後者作烏古里；前者有迭剌，後者作迪烈女古。至於乣名，兵志有萌骨而無移典，地理志有移典而無萌骨。金史詳校卷二下曰：「豈先爲移典，後改萌骨，抑刊訛耶，」殆存疑也。然兵志謂「乣軍十，」而終則謂「凡九，」似甚疎漏。而萌骨移典二乣併存之事實，則似在此間暗示者。但百官志有失魯乣之名，內族襄傳有胡疋乣之名，奥屯襄傳有烏古里乣，皆爲兵志地理志所未載；則金之乣軍之數，似非必限於九處或十處者。要之此等乣軍，如何分配於各部族之間，殆全不可知。此問題姑俟他日研究之。今惟知遼代以來，守備邊境各部族，有名爲乣軍者。乣軍之制，至金代益整，其名目有十餘。今當就最後之羣牧二乣軍考之。遼史卷四八百官志有羣牧職名總目一條，其中有某路羣牧使司，總典羣牧使司，某羣牧司，馬羣司等官，但其職務則無所記。至於金代諸羣牧所，就金史卷五七百官志觀之，有「諸羣牧所，又國言謂烏魯古，提控諸烏魯古一員，正四品。明昌四年置。注略 使一員，從四品。國言作息魯古使。副使一員，從六品，掌檢校羣牧畜養蕃息之事。」是監督邊境部族之牧畜生業之官也。而遼代有羣牧二乣軍者，蓋此等羣牧因執行職務上之必要，或因護衞官衙之用，而置之軍隊之名歟？金正隆末，契丹人叛亂時，與諸羣牧使同時遭害之木典乣，胡睹乣，轄木乣等詳穩，或係羣牧司所屬乣軍之詳穩，或爲部族所屬乣軍之詳穩，雖屬難明；但金代羣牧司，有名爲乣軍之軍隊，則可推測矣。

乙　金之乣軍

吾人欲說明遼史百官志中遼之五乣軍，往往言及金之乣軍。蓋乣軍之名雖始於遼代，但遼史之記載甚不充足；金之乣軍之制，爲承遼制者無疑；故借金史以資推斷焉。金之乣軍，雖承遼制，但兩者之間，不少相異之點，亦不可不知。（一）金無十二行各宮分，遙輦等乣軍。（二）遼代乣軍之長官曰司徒，次曰詳穩；金無司徒，而以詳穩爲長官。（三）組織乣軍之將卒，在遼代不必用外國民族。且如各宮分及遙輦之乣軍，由其軍隊職務上考之，至少亦決不以女眞人蒙古人組織之，必以純粹契丹人爲兵卒。其將校以宗室以下之契丹名族充之。然在金時，則似全用外國人，尤以契丹人爲多。

以上三點之中，第一點無可言之必要。第二點因金代無十二行宮分，遙輦等乣軍，結果自生此異點。金史百官志云：「諸乣詳穩一員，從五品，掌守戍邊堡。」則金之乣軍，以守戍邊堡為唯一之職務。即比之遼代乣軍職務上，顯有限制。第三點，更不可不稍加考究。

遼之乣軍專用契丹人之推測，除前述理由外，已無何等確證，且非必要；故茲惟就金之乣軍專以契丹人等外國人組織之之點，列舉其理由如左：

（一）金史卷一二二伯德窊哥傳云：「伯德窊哥，西南路咩乣奚人」是名為咩之乣軍之將卒中，有為奚（與契丹同種）族出身者。

（二）金史卷九四內族襄傳曰：「大定二十三年……諸部族節度使及其僚屬，多用乣人，而頗有私縱不法者，議改用諸色人，襄曰，北邊雖無事，恆須經略之，若杜此門，其後有勞績何以處之，請如舊」由此文句察之，所謂乣人，決非金人（女眞人）也。

（三）內族襄傳又曰，「承安元年十月阻轐復叛，襄出屯北京，會羣牧契丹德壽陁鎖等據信州叛，……咸平總管蒲察守純分道進，討擒德壽等送京師。……方德壽之叛，諸乣亦剽略為民患，襄慮其與之合，乃移諸乣居之近京地撫慰之。或曰，乣人與北俗無異，今置內地，或生變奈何？襄笑曰，乣雖雜類，亦我之邊民，若撫以恩，焉能無感，我在此必不敢動，後果無患」。茲所謂乣人，亦決非金人也。

（四）皇元聖武親征錄曰：「甲戌，（太祖九年）夏四月，金主南遷汴梁，留其太子守中都，以丞相完顏福興（承暉）左相秦忠（左丞抹撚盡忠）為輔。金主行距涿，契丹軍在後，至良鄉，金主疑之，欲奪其原給鎧馬還營，契丹衆驚，遂殺主帥素溫（恐係詳穩訛為人名者）而叛去，推斫答，比涉兒，札剌兒為帥，而還中都。福興聞變，軍阻盧溝，使勿得渡，斫答遣裨將塔塔兒……大破之，……由是契丹軍勢漸振，……斫答，比失兒等遣使詣上行營納款」。元史太祖紀記此事變曰：「甲戌六月，金乣軍斫答殺主帥，率衆來降，詔三模合石抹明安，與斫答等圍中都」。是乣軍明為契丹軍也。又元太祖十二年八月，封木華黎為太師國王，總諸軍征金時，元史太祖本紀曰：「將蒙古乣漢諸軍南征」。親征錄於蒙古漢之外不言乣軍，而言契丹兵，則當時所謂乣軍，亦明為契丹兵也。

據以上四個實例，知金代所謂乣軍，全以女眞人以外之人組織之。據第四例，知金末守中都之乣軍，實為以契丹人組織者無疑。據第三例，知所謂移於京地附近諸乣人，即後斫答等所率之契丹軍。因而就第二例所謂多用乣人及改用諸色人等文字考之，則乣人專指契丹人，諸色人指契丹人以外之民族者。但第一例，若解爲奚人編入乣軍者，則似與以上之解釋相抵觸。但奚人原與契丹人同種，故廣義之契丹軍中，當然包含奚人。若上說果當，則金代所謂乣軍者，乃以契丹（奚）人組織專當邊防之任者。但亦往往有徙於內地，終至爲天子護衞者。及至金之末葉，邊境不必言，內地諸城之兵皆流於遊惰而柔弱。宣宗南遷之際，將以乣軍加入鹵簿而憂其驍勇慓悍或至爲變，途中忽然解任；以此搆怨，中都遂爲蒙古所取。金史兵志曰：「及宣宗南遷，乣軍潰去，兵勢益弱。」朮虎高琪傳曰：「初宣宗將遷南，欲置乣軍於平州，高琪難之，及遷汴，戒象多（抹然盡忠之本名）厚撫此軍，象多輒殺乣軍數人，以至於敗。宣宗末年嘗曰，壞天下者高琪，象多也，終身以爲恨云。」由此可知當時金人之文弱，乣人之被忌矣。

想遼代十二行各宮分，遙輦三乣軍之外，防禦西北蒙古人之孳牧及部族之軍隊，皆稱乣時，料乣軍二字，必無邊戍軍之意。及至金世，西北邊契丹人內屬，使專當蒙古方面之守備，遂以乣軍之名，稱此契丹人之軍。其後內地女眞人及東北方女眞人，皆漸柔弱；猛安謀克相率而徙於內地，從事安樂；除當邊防之任之契丹軍（卽乣軍）外，已無精銳；故使當護從天子之任也。

至乣軍之組織，據黑韃事略曰：「五十騎謂之一乣，（原作糺）乣一隊之謂。」則元太祖時代，及太宗初世，蒙古以五十騎爲乣，而以乣作一隊之名，此非蒙古固有之制，而爲沿襲金制者，可據其用乣字而知之。蓋以五十騎爲一隊而呼爲乣，金代固不待言，蓋自遼已然矣。殆因乣軍編制之單位，爲五十騎所成之乣，乃呼此軍爲乣軍歟？姑記於此，以俟後日之補考。

二　再研究遼金時代之乣軍（答羽田學士）

原載大正四年十月史學雜誌第二十六編第十號

一　緒言
二　對羽田學士之答辯
三　乣字音補考
四　結言

一　緒言

去年春，余調查蒙古之創業時，因遼史金史中之「乣軍」有研究之必要，曾就「乣字」之音義，稍加考證。是年四月史學會大會開會時，曾以鄙見請教於來會諸賢，並將其大概載在本誌第二十五編第四號彙報欄。當時既感論證之不備，爾來埋頭於他項之研究，復無推敲之暇。曩因史學會委員催促寄稿，匆猝之際，不得新稿，乃致舊稿以塞責。不料此一小篇蒙畏友羽田學士之注意，在本月一日發行之藝文（第六年第九號）中，列乣字音義之疑義數條，要求答辯。學士不獨爲史學家，又爲言語學家，夙著令名。今傾其蘊蓄，諄諄指摘鄙見之不合；雖關於乣字之意義，尚未能積極的闡學士之高說，但對於微微小篇，肯與一顧，而懇切賜教，學士之好意，爲余願望所不及，洵堪感謝。余讀學士論文，始知前日小篇中引用之書，有失檢及誤解之處，深以疎漫自愧。惟關於乣字之音義，則未能全服學士之教，是爲遺憾。故余再借本誌之餘白，謹答學士之質疑；同時並利用學士所與之機會，披瀝愚見，以求學士並讀者諸賢之明斷，此實余對曩日小篇之當然義務，並所以酬學士好意之道也。學士幸憐余之頑陋，不吝賜教是幸。

二　對羽田學士之答辯

以下先答學士之質疑，後就乣字之音義，詳述鄙見之根據。

學士所提之質疑，便宜上可分八項，當順次答辯之。

（一）元史類編先爲續弘簡錄而後單行者。元史類編注曰「乣音冥，遼東君也，凡二十五部族。」但續弘簡錄注曰「乣音杳，遼東軍也，凡二十五部族。」何以置之不顧？（採其大意以下同。）

本稿緒言，所謂余有失檢，即指此。余因席世臣以類編作單行本，曾作有序；序中未言與續弘簡錄有異同事。故兩者之相異，余實未知。因亦蹈金史紀事本末著者李有棠之轍，未曾與續弘簡錄對校，只依座右之元史類編紹介乣字之音之一說。余不得不自認爲粗漏。

（二）前記二書音注既異，當依原本續弘簡錄，已不待言。冥字爲杳字之誤，君字爲軍字之誤，蓋因杳冥二字意義相同，君軍二字，其音相同，（兩字之音同爲 chun）故生此誤。又邵氏音注，謂「乣音杳」，殆只據乣字偏旁之幺而獨斷者。至如錢氏，殆已看出，故不贅一辭歟？要之對於此等未曾提示根據之音注，無當重視之要。

是殆所謂酷評乎？於當示音同之處，用同義之字；於當示義同之處，用同音之字，雖一書生亦不敢爲，不能謂康熙朝翰林院侍講學士實錄會典等纂修官碩學邵戒山有此妄舉。余以爲是乃傳寫或刻版時所起之偶然差誤也。軍君二字之草體甚相似，杳之誤冥亦決不可云必無；但又以爲冥非杳字之誤寫，是因杳冥二字之音相通而以冥代杳者。據 Giles 漢英字書，杳字有 yöe, yoa, yau, yo, yō, 等音，同時有 miao, miau, miu, mieu, miöe, mio, 等音，而冥字有 ming, men mang, miöng, mio, 等音。邵氏如何以冥代杳，雖不可妄事揣摩，但決非漫然變更乣字之音者，不過用同音異字，蓋無庸疑。

學士斷定續弘簡錄爲元史類編之原本。余對於刻版事全無所知，故往往引用古書而失其當，致招識者之笑；何敢妄疑學士之所見。但邵氏始著此書時，已有元史類編之名，當時或又呼爲續弘簡錄，亦未可知；但非單行之後，始名元史類編，則無疑也。故謂續弘簡錄爲元史類編之原本之言，尚需斟酌。果然，則或注爲「乣音杳」者在前，注爲「乣音冥」者在後，抑或杳後而冥前，殊不易決。若續弘簡錄原刊本以下皆作杳，元史類編單行初印本作冥，則其單行本或爲席世臣所改竄，抑爲寫字生或刻版師之誤，則非邵氏所與知。要之今本元史類編，今本續弘簡錄，何者近於原刊本，亦爲值有一考查之問題也。

又有當一言者，學士似謂余對於邵氏「糺音冥」之說，只未忽視耳，似無何等說明。是實不然。余前稿中曾云「此註釋當必有確實出處」因云「在定糺字音上到底不可忽視」又云自錢氏以來，許多學者，有默殺之觀，決不得謂忠於學者也云云：決非如學士「無當重視之要」之說。但黑韃事略之音註，有二三旁證之可見；而類編之音註，未曾發現可信之理由。故余只云「作類編者，謂糺音冥本有何等根據，原無可疑：但黑韃事略既云音都由切（tu tyu），則吾人覺信從黑韃事略之說遠較安全」云云。余對於邵氏之音註，固表十分敬意也。（參照後文第三節二之丙項）

(三)遼史語解雖云「糺軍字也，」但遼史國語解，欽定遼史語解，金史語解，皆無此記載。遼史國語解有「糺軍名，」金史語解有「糺卽軍字，」當非依乾隆史臣編纂之金史語解者。此乃本稿緒言所謂余之第二失檢也。然余受白馬博士之教，實爲「糺軍名」之解釋，而非「糺軍字也」之解釋。余實不欲因失檢（甯爲誤解）而累及博士，是爲余之切望。余實誤解遼史國語解爲「紏（正當作糺）軍字也，」此爲去年大會以來之事。今因學士示教，始悟其非。因余之疎漏，使學士費貴重之時間，作無用之檢索，不勝慚愧。

（四）遼史國語解所謂「乣軍名」者，是言遼之諸軍中有一名曰乣之軍，非言乣字有軍字意義者。

學士對於國語解中之「乣軍名」作「乣者軍之意」之解釋，有所躊躇，且似否定，是實出余意外。試觀國語解說明之例，有「暴里惡人名也」之暴里，爲蒙古語 burugha 之轉訛，有顚倒，反對，惡，不正，虛僞，詐欺等義。（本誌第二十三編一一四九頁）「斡魯朵官帳名」之斡魯朵，爲蒙古語 ordu 滿洲語 ordo 之對音，有宮亭陣營等義。（第二十四編二〇頁）「炒伍侕戰名也」之炒伍侕，有戰字義，爲蒙古語 čăgori 之對音；侕有時字意，爲滿洲語之 bon 對音；正意爲「戰時名也」（第二十三編二四四七頁）「隨瑰門名」之隨瑰，爲滿洲語 duka 女眞語「都哈」之對音，有門字意。（第二十三編一二四三頁）「撒剌酒樽名」之撒剌，爲蒙古語 taras 滿洲語 čara 之對音，爲金屬製有脚無蓋之鼎鑊之意。（第二十四編二八頁）白鳥博士東胡民族考中解說甚明。可知國語解中之「某爲某名」除地名官名國名等外，皆應解作「某者某之意」，毫無庸疑。

（五）糺字既有軍名或軍之解釋，絕無相當於 sagor, šari, cherig 等戰之解釋。軍與戰，在日本語中有用作同義者，漢籍中則有截然之區別，已不須辯。又女眞語所謂瑣里都蠻（滿洲語之 saritumbi）者，戰或廝殺也。女眞語所謂鈔哈（滿洲語所謂 čooka）者，軍也。是滿洲語女眞語中之軍與戰，明有區別，則契丹語與女眞語滿洲語相同也無疑。今在此相異兩語中將表其一方之 šagor, šari, cherig 文字（糺）更相當於他方之語(čooha)余輩所以不能認其爲可也。

學士斷定 šagor, šari, cherig 等語，有「戰」之義，決無軍之義；cao-hah, čooha 等語，有「軍」之義，絕無「戰」之義。余今欲對於學士作言語學上之論議，敢有抗辯，或不免非禮之誚。但余讀學士此說，實有不得不大惑者。白鳥博士之東胡民族考，曾連載於本誌，學士所夙知者也。其文中就遼史中之炒伍侕，遼史拾遺中契丹語之糾離，曾研究其對音與語源（第二十三編一一四六—七頁）博士據斯道大家 Castren, Podgorbunski, Radloff, Klaproth 諸氏所著之書而列舉其說：Tunguse 語族之一地方語，謂戰爲 cärik；蒙古語族之某地方語，謂戰爭及兵力爲 tserik, serik, sëričk, serek；Türk 語族之某地方語，謂兵卒軍隊戰爭爲 serig, cäri; čäri, čärik，他一地方語謂兵卒爲 zuru cirü 博士曾言知契丹語之炒伍侕粆離，與此等諸語爲同語。卽謂契丹語之炒伍侕及粆離，在「戰」之義外，有「兵卒」「軍隊」等義也。如此，則似與學士之主張，枘鑿不相容。再繙座右之 Gabelentz 滿洲字書，čooha 之對譯爲 Heer, Krieger, Soldat, Krieg，是亦與學士主張相反。čooha 有軍隊之義，同時又有戰士兵卒戰爭等義矣。然徵徵一字書之記載，本不足以是非學士之論議；再就東胡民族考中考索羯語、秀支之語源者觀之，Tunguse語族之古語，又某地方語中，鈔哈 Čooha, Čokha, Čoga, Čuga 等，皆有軍字義，Čugi-m 有喧嘩之義，蒙古語族之某地方語中，Soke-nem, Soke-nap, cokhe-nap, högä-nap, khögö-nop Sokhi-kho, Tsoki-khu 等皆有打字之義，Türp 語族之古語及某地方語，Ugyš šag, Söngys, Sogus 等，有戰爭鬪爭之義。又朝鮮語 ssa-ho-o 有爭之義，ssa-ho-m 有爭鬪之義。（本誌第二十二篇一〇一六—七頁）由是觀之，則 Čooha 與此等語語源相同，原有「打」「爭」之意，更轉而爲「戰」與「軍」與「兵」等意，已無庸疑。尤當注意者，此語之原義中，絕無「集」「結合」等意，與 Čerig 同，卽

Čerig 非必只爲「戰」字意，Čooha 非必限於「軍」字意，敢再請學士賜教。

（六）若將「乣軍名」解作乣者軍隊之意，則遼金軍隊皆當呼爲乣。但遼金兩朝諸軍中非乣軍者尙多，載在遼史金史兵志，故當認爲遼諸軍中有名爲乣之一種軍也。

「乣軍名」三字，實可作乣者軍之意解。乣爲 Čerig（頭音 Če）之對音，有軍，戰，兵之義，既無可疑，則可解作「乣軍，」「軍中之軍」「勇於戰之軍」「兵中之兵卽由精兵而成之軍」等意。遼又有皮室軍，太宗時選天下精銳組織之，故名皮室。（蒙古語 besi，büsü 之對音，堅固之意）見遼史兵衛志（卷三五）又如蒙古之八都魯軍，（蒙古語 batur 勇意）淸之湘勇，淮勇，遼之乣軍，皮室軍，由其命名之意言之，大略相同。八都魯軍之名，始見於黑韃事略，對於當面問題乣字音之考究，有給余以暗示者，記於同一記事中。如左：

其軍卽民之年十五以上者，有騎士而無步卒，人二三騎，或六七騎，五十騎謂之一糾，（都由切卽一隊之謂）武酋健奴，自鳩爲伍，專在主將之左右，謂之八都魯軍，曩攻河西女眞諸國，驅其人而攻其城。

是亦暗示糺（當作乣）與八都魯之語義，有密接之關係者。由此可知余據蒙古語及 Tunguse 語，認乣軍之乣，有兵戰軍之義，不能謂毫不合理也。茲又有當請學士注意者，余決非否認遼有稱爲乣之軍隊也；百官志耶律德威傳等明有「乣軍」一語，何人能有疑耶？余所爭者，皆在國語解中「乣軍名」一語之解釋也。

（七）乣之原語未制限爲何數，而欲求之於極一般的「戰」字意（殆解作與軍字同意乎）之 sarig, šari, cherig 等。又由五十騎爲一乣之見解，而有「非因乣軍編成之單位爲自五十騎而成之乣，遂呼其軍爲乣軍乎」之說。今連結此兩個觀念，可得結論曰：畢竟蒙古語契丹語女眞語之 šarig, šari, cherig 等，當爲以五十騎爲單位之軍隊也。然此似非論者之意。

余覺對於此項之答辯，已可以前項答辯盡之。要之第六第七爲枝葉問題，不必深爭。學士議論之眼目，似在已答辯之第五項，與將答辯之次項。

（八）據黑韃事略之音注，乣音爲都由切。其旁證，有金史乣迪相通之一例。雖可推爲乣字有ti

> tik, tek, chök, teki, djaku 等大同小異之音，但此說之根柢在糾及乣無都由切之音之一點。萬一此等文字中有此音或類似之音，則可危害其成立。遼史卷二五六九有蕭乣里，卷五六有道宗第三（二？）女糺里，卷六三有迪輦乣里等。契丹人名中屢見糺里二字。但迪輦糺里之糺里，遼史卷三二作祖里，卷六三又作爼里，是當時之糺字，除 kyu 音之外，又有祖 (tsou, tsü tsú, ch'ú) 爼 (tsu, tsz, tso, chu) 或類似之音無疑。果然，則不可因有都由切之音注，直斷爲糾，卽爲糺，而爲乣之誤寫也。蒙古之一糾或一糺，與遼金之乣無何關係。或指由五十騎而成之蒙古軍一隊者，亦未可知。蒙古語之 tsuk, čuk，由結合之意，而有一體之義。又在卡爾密克（カルミック）語中有一部之意，或與此亦有關係歟？

此問題當爲學士對余質疑之眼目，因而余不可不就此十分述其所信。但因便宜上，讓於第三節。茲惟報告遼史之北監本迪輦糺里作迪輦組里耳。北監本若可據，則學士斷定糺字有近於祖，爼，及都由切之音，及想像糾及糺與蒙古語 tsuk cuk 有關係者，自失其根據。若南監本爲正，猶有論議之餘地。

玆將學士希望余閱讀北監本事一言之。余知北監本藏於內閣文庫，前向史學雜誌寄稿時，欲一見之與委員約定期限，至期限將過之日，乃赴文庫。不幸藏本二部，皆以某某二官省之名帶出，余失望而歸。故余前稿特附言爲南監本，及乾隆四年本之遼史。今因學士之質疑，益加注意；決定無論如何，必求一閱。復往文庫，則云二部北監本，依然在庫外。余乞庫員詳問之，始發見一部北監本未悉帶出，有數本尚存庫中。余借閱其留存之一部分，不意竟副余全部之要求。至是，北監本始得一閱。前次非全置之不顧也。請學士諒之。

三　乣字音補考

關於乣字音義之調查，決非前次發表拙稿之目的。故雖謂其字音爲 tu, tyu 或近似之音，固不敢作斷定之結論也。至於字義，則根據遼史國語解之記載，及白鳥博士之示教，只附言爲「戰」或「軍」之意，殆不容有一點之疑，固非余之創見或發明也。今得羽田學士懇篤之批評，於是再得研究之機會。雖自信曩日之結論，無何等誤謬；但又發現前日論證上尚有不備之點，故前節答辯中屢論及之關於字義，雖無可言；惟字音上當論者尙不少。以下分二項述之：

（一）現行本遼史中之糺字當悉爲乣字之誤

余所寓目之南北兩監本以下遼史（假名爲現行本遼史）當有乣字之處，殆皆作糺。余以爲此等諸本皆後世傳寫或改版之際所起之誤而相沿襲者。余推測元至正四年原刻本，卽所謂浙板，當必悉作乣。茲述其理由如左：

（甲）淸錢大昕精通金石文字之學，且著有遼金元三史拾遺，錢氏養新餘錄中，謂「字書無乣字始見於遼史」此足證明錢氏所見之遼史，不與現行本同；百官志國語解等所見之糺字，悉作乣字。

（乙）南監本卷九十六耶律仁先之字作糺鄰，北監本作乣鄰，蓋糺爲古今常用之字，無論何人，皆能識之，乣字則自元末以後絕跡不用，故誤爲糺，實爲當然之過失。若誤糺爲乣，殆無此事。則上文所舉之實例，非卽原刻本遼史作乣鄰之證耶？人名既有用此字者，則軍隊及其他名稱所用之糺字，亦當悉爲乣字之誤矣。再請參照次項益明。

（丙）現行本遼史，將軍隊之名及與之關係之名所用之乣字，悉誤作糺字。卽如百官志北面帳官條之遙輦糺詳穩司，（卷四五）北面軍官條之十二行糺軍，各宮分糺軍，遙輦糺軍，各部族糺軍（卷四六）等，全書中凡二十六糺字，皆當作乣，無論何人，皆無疑也。其他作人名者六，作部名者二，無一不可認爲乣字之誤。

（丁）乣字行於遼金時代及元代中葉，其後全亡。傳寫改版之際，屢誤作糺，固無足怪。由乣誤糺，更誤爲紀之例亦不少。茲列於左：

（1）北監本遼史耶律仁先之字作乣鄰；南監本作糺鄰，已如前述。蕭得里底（卷一〇〇）之字，兩監本皆作糺鄰。

（2）金史后妃傳（卷六三）及秉德傳（卷一三二），秉德之弟兩監本皆作乣里，海陵紀（卷五）兩監本皆作糺里罕。

（3）蒙韃備錄中軍隊之名之乣字，悉誤作糺，與現行本遼史同。

（4）遼史天祚紀（卷三〇）有糺而軍部，而部族表（卷六九）則作紀而畢部。

（5）金史高麗傳（卷一三五）至高麗之世宗使者作「乣」。然高麗史明宗世家（卷一九），朝鮮刊本國書刊行會本皆作耶律糺。日本內閣文庫所藏之朝鮮(?)寫本作耶律紀。此寫本捺有「大興翁氏石默書樓珍藏圖書」之印，似爲清初金石大家翁覃溪（方綱）之校訂本。而此種大誤寫竟未訂正，則傳寫刻版之際，校訂難於嚴正，可以想見。

（戊）現行本遼史中有名糺里之人名，金史中有名爲乣里之人名。現行本遼史羽田學士已指出蕭糺里（卷二五卷六九）糺里（卷五六）迪輦糺里（卷六但北監本作組里）此外又有一蕭糺里，（卷三〇）然除有疑問之迪輦糺里外，有與此相一致而名乣里者二人見於金史。即太祖紀（卷一）之蕭乣里，與后妃傳（卷六三）及秉德傳（卷一三二）之乣里是也。此兩者雖非同一人，但在知契丹語女眞語間有親密之關係者，對於其爲同名，當不疑也。是亦足以證明現行本遼史之糺字爲乣字之誤之有力事實。

（二）　有都由切之音者，非糺而爲乣。

糺及糾字，有 kau, kiu ku 等音，而無都由切 (tu, tiu 等)之音，故黑韃事略中注爲「都由切」

之音之糾，乃乣（糾—糺—乣）字之誤。羽田學士對於鄙見之駁論，及余之答辯之一部，已見第二節，茲再詳言余主張之根據，乞學士斧正。

（甲）遼金之際，乣字音與敵字音近似，故互相通用。茲錄金史卷二太祖紀之一節如左：

太祖二年甲午，（遼天慶四年）十月朔，克其城。（寧江州）……十一月遼都統蕭乣里副都統撻不野，將步騎十萬會於鴨子河北，太祖自將擊之。……黎明及河，遼兵方壞陵道，選壯士十輩擊走之。大軍繼進，遂登岸甲士三千七百至者纔三之一。俄與敵遇於出河店，會大風起，塵埃蔽天，乘風勢擊之，遼兵潰，逐至斡論濼，殺獲首虜及車馬甲兵珍玩不可勝計，徧賜官屬將士燕犒彌日。……斡魯敗遼兵，斬其節度使撻不野。

遼史卷二七天祚紀記此戰如左：

天慶四年……蕭撻不也遇女直，戰於寧江東，敗績。十月壬寅，以守司空蕭嗣先為東北路都統，靜江軍節度使蕭撻不也為副。……引軍屯出河店，兩軍對壘。女直軍潛渡混同江，掩擊遼衆。蕭嗣先軍潰。……蕭奉先懼其弟嗣先獲罪，輒奏東征潰軍所至刧掠，若不肆赦，恐聚為患。上從之，嗣先但免官而已……十一月壬辰都統蕭敵里等營於斡鄰濼東，又爲女直所襲，士卒死者甚衆，而甲午蕭敵里亦坐免官。

十月壬寅，卽十月朔，寧江州城陷落之日也。遼天祚帝以此日任蕭嗣先爲東北路都統，蕭撻不也（蕭撻不野）爲副都統，使恢復寧江。出河店之戰，如金史所明記，當在十一月之後。斡論濼（斡鄰濼）之戰，在十一月壬辰，（二十一日）蕭敵里之免官，在甲午日。（二十三日）據遼史此戰爭中，遼軍之都統，出河店之役爲蕭嗣先，斡論濼之役爲蕭敵里。然據金史，前後兩役似皆以蕭糺里爲都統，撻不也爲副都統。對於出河店之役都統蕭嗣先之消息，雖無何等記載，但副都統撻不也，於斡論濼之役後未幾，卽記爲被金將斡魯所斬。（記爲節度使撻不野者，以其爲靜江軍節度使也。）卽副都統之人名，兩史中無何牴牾；都統之人名，則相異如上。而合考兩史之記事，則皆記同一事實而互補者。其間既無何等矛盾，則兩史所傳之都統人名，不能以一方爲是，一方爲非。寧認爲異名同人，一爲別名或異譯者爲至當。於是余推定之曰，蕭嗣先當出河店之役，爲遼軍都統，因大敗而免官，蕭敵里代爲都統；金人不知敵軍都統之更迭，仍以爲其後斡論濼之役之都統蕭敵里，爲前之都統也。

故編金史者本其材料，書曰「十一月遼都統蕭乣里云云。」此種推定，極爲自然。苟精讀兩史者，必能認爲可信之論。果然，則金史中之蕭乣里，遼史中之蕭敵里，爲同一人名；則乣敵二字，其音近似，已無庸疑。從蕭敵里因斡論濼戰敗免官，怏怏不樂，翌年九月，遂與耶律章奴同叛天祚帝，謀立魏國王湻而被斬。乣里一作謫里。

（乙）金時，乣字，迪字，又有近似之音。余前稿考證金史羣牧名稱中，有迪斡，乣斡，認爲同音異譯，終認爲迪與乣之音相通。其後檢索金史，又發現記事如左，深喜余曩日之推論，未失正鵠也。

父賽一。尙熙宗妹，正隆末爲乣椀羣牧使，契丹賊窩斡擾北邊，賽一與戰死之。（卷一二〇徒單思忠傳。）

賽一，與溫迪罕蒲睹傳（卷一二一）及移剌窩斡傳（卷一三三）中之迪斡羣牧使徒單賽里。爲同一人，賽一爲賽里之轉訛者無疑。又由羣牧名稱中，蒲速斡之爲蒲速椀，耶魯瓦之爲耶魯椀，歐里不之爲歐里本諸例推之，則乣椀之爲迪斡，可知爲無誤。

以上所述，既據遼末金初之史料，知敵字與乣字音相通；又知在金代中葉迪字與乣字音相通。

而遼史自身之記事中，亦可得同樣之結論。按遼史卷一二聖宗紀統和七年秋七月條，有「迪离畢，涅剌，烏濊三部云云。」以此與卷三十天祚紀附錄耶律大石傳相參照，涅剌可比定爲尼剌，烏濊可比定爲烏古里，迪离畢可比定爲糺，而畢殆無可疑。但此等處各爲獨立之記事，雖可相比較，而無可以確定之之徵證，姑附記於此以存疑可耳。

（丙）遼史中之人名，有 teri tere 或近似之音者，殆不可勝數。只有傳者，已達二十八。由此顯著之事實推之，皆爲名糺里之人名之同音異譯者。因與其他多數同名之人區別之必要上，乃用糺字。今摘錄遼史若干實例（採自列傳及本紀開始部分）以備參考。

（a）有 teri 或近似之音者（括弧內之數字爲遼史卷數）

特里（一），耶律迭里（二），拽剌迪里（三），蕭斛里（三），禿里（七），蕭打里（一一），蕭敵里（二七），蕭諦里（二八），

（b）有 tere 或近似之音者

耶律迭剌（一），失烈（二三），耶律覿烈（六，七五），鐵剌（三），的魯（三），

撻魯（三，）　耶律撻烈（六七七，）　耶律敵烈（六八，九，九六，一一三，）　耶律適祿（六九五，）迪烈（一一，一一七，）　耶律敵魯（七三，）　耶律敵剌（七四，）　蕭滴洌（九五，）敵獵（一一三，）　蕭特烈（一一四，）

（c）有 teren (tere-n) 或近似之音者

蕭敵輦（一，七三，）　迪輦（一，三，四，）　耶律敵輦（七七，九三，）　蕭闥覽（一〇，一一，一二，）

（d）有 terit (teri-t) 或近似之音者

耶律迪輦得（四，）　達里迭（八，）　達里底（一四，）　蕭得里底（一〇〇，）　耶律特里典（一〇一，）　蕭得裏特（一一一，）　耶律迭里得（一〇一，）　蕭迭里得（一一四，）

（e）有 terigu (teri-gu) 或近似之音者

迪里古（一，）　提离古（三，）　徒离骨（三，）　的烈古（三，）　迭烈哥（四，）　迪里姑（四，）　搭烈葛（七，）　撻烈葛（七，）　撻烈哥（一一，）　題里姑（一五，）　蕭撻

魯古（一一一），

以上列舉之人名中因表 te, ta, ti, tu, 等音所用之字，凡二十一種。若普檢遼史再得十餘個同音異字，當非難事。於是余以爲遼史中蕭糺里以下三人（或一人）之糺里名稱爲遼代最普通之 teri 或近似之音，因而推定其爲糺里之誤。

（丁）遼代糺字之音，與得查二字相似，有相通用之形跡。遼史（卷九六）耶律仁先傳曰：「仁先字糺鄰，小字查剌。」遼史（卷一〇〇）蕭得里底傳曰：「得里底字糺鄰，」雖屬糺鄰之別名曰查剌，實同音之稍爲轉訛，以 terin 作 čara 者，與書同音異名者同。（或其解釋同）得里底之別名曰糺鄰，亦 teriti 之訛爲 terin 者。此雖屬余之推測，但此種推測，遼史中有左列之類例，可爲根據。

蕭敵魯字敵輦（七三，）　的魯字徒离骨（三，）　孩里字胡輦（九七，）　耶律余覩一名余都姑（一〇二，）　蕭奪剌字挼懶（九二，）　耶律敵祿字撒懶（九五，）　耶律敵烈字撒懶（九六，）（釋魯字述瀾（六四，）蕭胡篤字合求隱（一〇一，）或亦其類例也。）

乣字既有查（ča, sa）字音，則金史之烏延查剌（八六），夾谷查剌（八六）；遼史之述律（三四六）直里古（三）；又遼史之耶律敵烈（九六），及耶律敵祿（九五）之別名撒懶，似皆爲同名之對音。至若遼史之紀哲。。（三〇），金史之乣者。。（一三三），若皆視爲契丹人，則認爲相當於遼史之蕭朮哲（九一），耶律朮者（一〇〇，一〇七），蕭朮者（二二）等之人名，殆無不可。

余對於第二節第二項乣字音之邵氏意見，曾一再聲明，決不可輕視。今余乣字有查字音之見解，若不失正鵠，則今續弘簡錄之「乣音杳」之杳，實爲查字之誤，殆爲刻版或傳寫時所起之過失歟？姑附記於此，以俟大方之批評。

以上由甲至丁四項，若幸而不誤，則乣字乃寫 Čeri (—k, —g) 或 (seri (—k, —g) tseri (—k, —g) 等之頭音 ce, se 等音，而又轉爲 te 或相類似之音。亦如上文丙項中屬（a）（b）（c）者，有由 tseri 稍轉訛者之對音；屬（d）者，有由 tseri 稍轉訛之複數之形；屬（e）者，有 tserik 或其轉訛之對音也。遼史李懷秀之契丹名，曰迪輦俎里。。（又作祖里）北監本別作組里。。南監本作糺里。。孰與原刊本符合，無由知之。要之俎祖組三字，既皆有 tso 或相近之音，糺（正當作乣）字既亦有

tse 之音，則糺組兩存，毫無牴牾。又金史卷五海陵紀以秉德之弟糺里作糺里罕（現行本作紇者誤也）此卽屬於（e）類之適例，當爲 Čerikan (čeri-ka-n) tserikan terikan 之對音。

最後又有當一言者，滿洲語及蒙古語中之 terge 有車字意。遼史人名近於 Serig, tereg 者較近於 Čerig，者爲多，似可解爲此兩語族之 terge 之對音。但國語解既明記曰「糺軍名」黑韃事略又曰「五十騎謂之一紇」，（正當作糺）則此種解釋，不可謂爲正當也。想 ceri teri 等名之頻見於遼史者，亦如日本人名之有「軍次」或「兵助」等尚武之名，而爲遼國上下所流行者，又如元代普通用之 batur（勇）之名歟？

四　結論

今將上文所述約言之如左

（一）糺字之音，續弘簡錄之音註，與元史類編之音註之相異，得學士之教，不勝感謝。但其所以相異之理由，決不如學士之說爲邵氏獨斷者，殆全由於傳寫刻版時所生之誤。抑或杳冥之音相通，而以冥代沓，亦未可知。但余以爲沓字在原本當作查。

（二）謂遼史國語解作「乣軍字也」者，爲余摘錄時所生之誤，是余疏漏之罪。但名字之解釋，到底難從學士之說。

（三）學士謂 cherig (cerig) 等語中無軍字意， cooha 語中，無戰字意。余以爲兩語皆有軍，兵，戰等意無疑。

（四）糺及乣字，未有都由切或近似之音之徵證，而乣字則多有此音之徵證；因而余仍主張黑韃事略之糺，原本作乣，傳寫之際，先誤爲糺，今本遂作糾者。

附言　緒言曾言余不解言語之學，昔不自揣而論及乣字音義，勞羽田學士之指正。但余性頑陋，毫不知改，復披瀝愚衷，致冒學士之尊嚴，又急於自衛，不得推論之當，且失措置之禮，不但背學士之好意，且得罪於學界，尚冀學士並大方諒恕焉。

三　再答羽田學士論乣軍

原載日本大正五年三月史學雜誌第二十七編第三號

余於本誌第二十六編第七號，發表遼金時代乣軍之研究一小篇後，羽田學士於藝文第六年第九號，列疑義數條以質余。余在本誌第十號詳行答覆。學士又在本誌第一號發表長篇論文，以問余。學士此次論文有云：「然關於乣字之音，學士前次旣舉與廸字共通之證，此次又示與敵字相通之例，並證明與其他有 te 之音之字屢相通用，就此字音，提出不可移動之確證，原爲余所尊重而無庸疑」云云，對余研究之眼目（參照遼金時代乣軍之研究緒言）已全贊同，余實異常榮幸。學士前次發表關於糺字之說，謂「糺字與蒙古語 tsuk, cuk 無關係乎」此次則云「其當否今不深論」，更自謙曰「余前次只舉疑義請學士之教，極力避免自說，此次論文亦不出此範圍，此因不才不能決定有可發表程度之意見」云云。故余自知再呵禿筆以事抗辯，殊屬非禮。惟退而更加推敲，欲俟學士研究成功之日，再賜高教；而學士此次論文中，又切促余之答辯，乃不得不姑陳所見，一以酬學士之好意，一以塞今夕之責。

一　續弘簡錄之「乣音杳」爲「乣音查」之誤

學士根據余乣查二字音相通之說，（史十號八七頁）評余之「續弘簡錄之杳原本當作查」（見前篇結論）之推斷曰：「此說由關於乣字音之結論而來，爲有興味之想像說，可尊重之，此處當不說余之贊否」（史一號七〇頁）學士對於余乣字音之結論，既表示全然贊成之意，何以獨對余乣音查之說而存疑耶？余對余昔者提供乣查二字之音有可相通之理由之例證，今尙不能發見何等不合；因而對於學士珍藏之原刊本續弘簡錄中之「乣音杳」，推定原本當作「乣音查」而誤者，欲認邵氏音注之果非杜撰。（邵氏有滿洲語之素養，其元史類編凡例中，有「其地名人名字以音通，間多互用，今概從畫一，以便循覽。幸余少習國書，略知音義故也」等語，可以參考。）認之則續弘簡錄與單行本元史類編兩書之關係，及其輕重自能解決。關於此點，今不復贅。學士謂余對此兩種音注似二三其說，實決不然。余以爲此音注之是非，不可輕加論斷，宜十分研究杳爲正乎？冥爲正乎？抑杳爲正，而冥爲杳字之誤寫或誤刻乎？若謂杳冥二字之形，未至能誤寫或誤刻之相似程度，則或因二字音之相通而改乎否否？糺字之音，既察得其似查，則可得「杳者查之誤也」之結論。只據前次拙稿之結言第一，當可了解。

二　杳與冥之音果不相通乎

如前所述，余曾謂單行本元史類編之音注，亦當愼重研求，若杳與冥字形上之誤，稍有疑點，則當求別途之解釋。杳字既有，yöe, yoa 等音，同時又有 miao, mio 等音，而冥字有 ming, miöng, mio 之音，故余提出杳冥二字音當相通之愚見。（前篇第二節）學士對此則云「然此等兩字之音，果如學士之說以同音而相通耶？以 ng 或 n 終之音與以 au, eu, öe 等終之音，皆以 m 爲始發音之故，遂可用爲音同一文字之音注耶？余不幸不能知其當然之理由，或兩者全同有 mio 之音耶？然以此杳爲 mio 音者，朝鮮也，以冥作 mio 音者，日本也；如以此等兩者相合之故，遂謂其漢字音相通而作同音說，殆屬非是。」（史一號六九頁）云云，余對於學士議論之後段，亦不立異；但對於前段，則未全釋然。據康熙字典窅字與杳字（miau）同音同時有緜（mien）字音，而冥字有麵（mien）音，則冥與杳音似相通者。溝字有鈎（cou, kou）字及港（Čiang kiang）字音，溝（譯者按此溝字恐誤）字有港字及媾（Čou, kou）字音，據此則以 ou 等終之音，時亦與以 ng 或 n 終之音相通。又據 Giles 漢英字書，擴字有 k'no, k'wak 等音，但漢口方言則曰 k'ong，揚州方言則曰 k'wang。高字普通爲 Kao 或類似之音，而福州方言之一呼爲 keing。此外温州方言語尾失 n 或 ng 者之例亦不少，例如艮（kên）字爲 kö，更（kêng）字爲 kae，亘（keng）字爲 kö，廣（kuang）字爲 koa。以上之實例，在學士教余之音韻轉訛法則中，無所牴觸乎？余於言語音韻之學，爲門外漢，固不敢疑及高教。且此問題，乃余推定糺音杳爲「糺音查」之誤時之言，今已全歸無用，由學士觀之，亦爲枝葉問題，故此處本無再論之必要。但次序上爲得學士之示教而始啓蒙也，乞諒之。余推測學士謂席世臣以元史類編作單行本時，誤杳爲冥，誤軍爲君之動機，在「因杳與冥同義，軍與君同音」（藝文六三頁）之語，余對此謂「推測著名學者邵遠平因此動機而誤，非太酷耶？」摘錄前篇第二節中之大意之語，實爲余之誤解，洵當慚謝。但此語可直移爲「著名學者席世臣」要之學士又謂「以異義同音或同義異音之字而相誤者，中國書中，類例不少」（史一號六八頁）之言，至少亦與此處理由不適切。無論如何，皆當如余說君爲軍字之誤寫，冥爲杳（又查）字之誤寫，爲最穩當。

三　遼史國語解之說明

關於此節，雖甚受學士之詰問，但余只言「地名官名國名等處之外，」未言「地名官名國名三處之外。」余雖不敏，亦謂「蒲割頟公主名也，」爲「蒲割頟在契丹語中解作公主之意」耶？若照學士論法，則同國語解中有「諲譔渤海國主名，」亦謂余將解作「所謂諲譔者在契丹語中爲渤海國王之意」矣？此非酷評乎？此問題除外，別有欲向學士請教者，卽關於戰軍二字之問題也。學士第一次論文中，謂 šagor, sari, cerig 與 čoha 全不能通用，余則謂兩者語原相同，而辯其得相通用之故，學士此次論文，則斷言「此際語原之搜索爲無用」（史一號七六頁）其果無用否耶？余就此點，亦不固爭。但從學士之說，漢人固不必論，卽契丹人，戰軍兩語之對象，亦有異，（史一號八六頁）則華夷譯語中有「鎖里爲戰，鈔哈爲軍」，則遼史國語解中，不亦應有「炒伍侕戰名也某軍名也」耶？此處之「乣軍名，」非學士所取之好個適證耶？然學士就國語解之「名」字用法，屢言亦可解爲某某之意，而猶不將此「乣軍名」解作「乣者軍之意，」而解作「乣爲軍之名稱」何耶？若據學士之見解，將「乣軍名」解爲「乣者軍之義，」更進而推論曰，乣者寫契丹語 čooha 或與類似之語之頭音者，不尤穩當耶？若學士作此推定，余必不強加反對也。但此處有應請學士考慮者，女眞語之 čaohah，滿洲語之 čooha，在契丹語中，全同耶否耶？此其一。卽令同一，而類似於金史之乣里及乣里罕，遼史之迪里古，迪里姑，提离古，的烈古徒离骨，迭烈哥等 čerig 之音等多數人名，（見前篇第三節乣字音補考第二項七條）與其求乣字音於 cooha，不如求於 čerig，較爲安全也。此推定之理由，然乎否乎？此其二。余言金史海陵紀以秉德之第乣里作乣里罕此卽屬於此（七）類之適例當爲 čerikan，tserikan，terikan 等之對音（前篇第三節之末）今尙不能得學士之同意乎？此其三。要之遼史國語解之「乣軍名，」不可解爲「乣者軍之名稱，」而當解爲「乣者軍之義。」若學士認此解釋而主張「乣爲寫 cooha 之 coo 者,」余則據前述之理由寧推測爲寫 cerig 之 ce 者耳。

四　紏字之音

學士對余認遼史金史高麗史蒙韃備錄等所見之糺字,悉爲乣字之誤之考證,似全表同意。獨對於推定黑韃事略之紏字爲乣字之誤,依然懷疑。但非以事略中有紏而無糺之故而反對者,已不待言。余始考乣字之音時,據事略之音注,先得暗示,次在金史中發見迪字與乣字相通用之例,繼證明敵查等字亦同,今已毫無疑點。然則事略音注之解釋如何,在今固非緊要之事。但學士旣言質疑之眼目在此,余亦不可對此無所答。學士先言「原來 ki ku ko 等音,一轉而爲 či, čü, čö 等音者,爲音韻變化上極普通之現象,其例不遑枚舉」又謂「現今廣行之 ch, c 之字之頭音,爲自何時發生者,恐無論何人不能明定;但細思之,當非至近代而忽起者。南人及中原地方之人之發爲 ki, kü 等音者,在北方人當自古發爲 či, cü 等音。」學士根據此種推測,乃謂「果然則著黑韃事略者彭大雅，對於南方發 kin 音之糺字，聞北方作 čin, čü, (tyn) 之音，乃特加都由切之音注，此種見解，當非無理，」（史一號八四頁）云云。學士之說，固不可謂毫無理由；但學士明言此謂無論何人亦難斷言之疑問，乃拉來而自推測之，又據以疑余之考說，而促余明答，非過酷乎？「ki, kü, ko, 等音之爲 či, čü, čo 等音」之例，在相當之古時代得發見之云云，雖如學士之說，但亦極少數耳。至成現今所見之多數者，則當在比較的近代，此爲斯道諸家之通說，豈余之誤乎？總之在言語學上爲門外漢之余，何能有使學士滿足之解答耶？只能於推測黑韃事略之糺字當時之音時，取可作參考之二三字音而一言之耳。卽成吉思爲 činghis 而非 činčis，呷辣吸紿爲 kara-kitai 而非 cara-citai；界里（金史之蓋里）爲 kaili 而非 čieli，濾局（今 argun 之古名）爲 argu 而非 areu。據此等二三之例考之，謂蒙古太宗時之糺字有 cia 或類似之音，非極危險乎？學士或主張「限於此糺字有 ciu 或 tyu 之音，故彭氏特注爲都由切，」如是至少可得謂在此處爲穩健之推測乎？余則依然確信糺字當爲乣字之誤寫。彭氏有此音注（事略中有音注者惟此一字）之理由，全因乣字爲一般漢人間認爲極新奇之字故也。

學士更有「然余只想像彭大雅至蒙古之時，北方將糺字作近於 cu 即都由切之音，非疑學士之推斷也。即令從學士之說糺爲乣之誤寫，然尙不能斷言爲與遼金之乣軍相關之語」等語，此可分二項以陳其理由。第一，不外未得兩者關係之明證。若果如學士之要求而有明證，則一切考證與推斷，不早已無用耶？又若知太宗朝蒙古之文化，爲契丹女眞兩種人所負者如何之多，則認遼金之乣，與蒙古之乣之間有連續的關係，不尤穩當耶？學士若疑此說，則先當提出反證。又想「乣者一隊之謂，」軍字與隊字。在嚴密意義上，雖有全部與一部之異，但皆與兵、戰、打、爭，等語有關係。彭氏及教彭氏之人，皆非言語學家，以當解爲軍或戰之意之字解作隊字之意，亦未可知。第二，則爲乣及乣軍之名，在史乘中絕未見其爲蒙古之軍之問題。學士斷言蒙古之名乣軍者，未曾一次見於史乘，其果然耶否耶？余尙有疑而在硏究中。未能言其可否。假令如學士之言，果有理由能否認太宗時以遼金傳來之乣字作軍或隊之名耶？若如學士之論法，余即不得不問曰，「名糺之隊，黑韃事略以外，曾有所見耶？蒙古史乘中最主要之元史曾屢見耶？」但如此，當非學士之本意也。

五　乣軍編制之單位

學士就此問題，已兩次追窮。前次云：「因重問曰，由此精兵而成之軍，其編成之單位爲五十騎云云，今仍如學士之言耶？若果然者，余以爲認黑韃事略之記事爲可論乣軍編成之資料者，似乎尚不充分。因而對此見解，不能無疑」（史一號八〇頁）云云：余決非斷言遼金乣軍之編制，以五十騎爲單位也。但因事略中有蒙古「一隊之謂」之乣，由五十騎而成之記事，故試爲推測，以資他日之研究耳。（第一篇之末）而學士兩度賜教，全未能悟曩日之推測之何以不可，是爲遺憾。若得學士及大方之寬宥，容余露骨述余之想像，則當曰，蒙古之乣，或爲太祖或太宗時，聞契丹人或女眞人述遼金乣軍事，而爲蒙古朝廷之一種計畫，抑或因耶律楚材粘合重山之徒所提議，知遼金乣軍之勇武，遂稱蒙古兵以五十騎而成之一隊爲「乣」歟？不然，則仿遼金乣軍之制，編成軍隊而稱以乣者。

六　學士之新提說

學士又云「雖在研究之半途，但乣字或非契丹文字？若爲契丹文字，或非寫某語之全體者？不能無疑。」（大意）最後又云，糺於 te 之外，似有 tü 之音云云。余已信糺字有 če, se, tse, te 及類似之音，故對學士糺音 tü 之說，不躊躇而贊同。但希望學士於契丹文字說研究完了後，詳細示知可耳。

本篇爲大正五年二月二日第四十五次東洋史談話會席上之講演筆記，故篇中有塞今夕之責之語，因而以簡潔爲主。其注亦用略號。如「史七」即「史學雜誌第二十六編第七號」，「史十」爲「同第二十六編第十號」，「史一」「同第二十七編第一號」，單云「藝文」者，爲「藝文第六年第九號」。後篇「元代之官制與兵制」中，仍有關於糺軍之補說。

四　金代兵制之研究

原載大正五年一月滿鮮地理歷史研究報告第二號

余近讀元初經略滿鮮之史料，每訝元太祖何故無東顧之憂，一戰而屠金之大軍於野狐嶺，再征而破中都乎？又何故唾手而定遼西，更進而得經略遼東乎？耶律留哥之叛亂，蒲鮮萬奴之自立，此等大事，又當如何解釋？若僅由蒙古方面觀之，非必無所得；但金之國情如何，尤與蒙古之進退有密接之關係。於是余知研究金對契丹人之政策，與金之兵力之盛衰，實爲急務。前者當就東蒙古方面最重要官衙之統軍司，及招討司考之；後者當就金代兵力，及國民之中堅猛安謀克之消長考之；故作此小篇，題爲金代兵制之研究，以作元代滿洲史序說之一部，而公於世。其目次如左：

第一　統軍司招討司考

一　統軍司

二　招討司

第二　猛安謀克考

一　猛安謀克之名義

二　猛安別名千戶

三　猛安謀克之三義

甲　屯田軍之猛安謀克

乙　將校之猛安謀克

丙　榮爵之猛安謀克

四　榮爵之猛安謀克與外國人

五　契丹人大叛亂與猛安謀克

六　地方官之猛安謀克

七 猛安謀克之頽廢與金之衰亡

第一 統軍司招討司考

一 統軍司

金世，邊陲置統軍司，長官名統軍使，以都元帥府之監軍或都監任之。督領軍馬，鎭攝封陲，分營衞，視察姦，爲其任務，見於金史兵志及百官志。(1)又據百官志曾置統軍司於河南山東陝西益都四處。但徵之地理志惟開封府之南京路統軍司，京兆府之陝西路統軍司，同置於海陵之天德二年；（一一五四年）益都府之山東東西路統軍司，置於大定八年；（一一六八年）別無山東統軍司之名。蓋山東分山東東路山東西路二路，益都府之統軍司，既稱爲山東東西統軍司，此外不應另有山東統軍司也。更觀大金國志卷三八，題爲統軍司三處條，言南京路統軍司置於南京，陝西路統軍司置於京兆，山東路統軍司置於益都，正與金史地理志符合。但地理志雖謂益都府統軍司置於大定八年，而金史卷八六夾古胡剌傳，正隆之末已有山東路統軍司之名；故知地理志之紀年有誤。蓋三統軍司，皆天德二年設置者。又兵志云「天德二年九月罷大名統軍司，而置統軍司於山西河南陝西三路。」則大名府夙有統軍司，至天德二年罷之者，可以無疑。但山西統軍司之名，他無所見；余以爲山西當爲山東之誤。上文曾言山東統軍司，殆與其他二統軍司同時創置者；茲觀兵志之記載，可謂有力之證據。要之南京路統軍司，一名河南路統軍司，在南京（即開封府）鎭南陲；陝西路統軍司，在京兆（即長安）鎭西陲；山東路統軍司，一名山東東西路統軍司，在益都府鎭東陲；皆創置於天德二年。

（1）百官志（金史卷五七）云：「統軍司（河南、山東、陝西、益都）使一員，正三品，督領軍馬，鎭攝封陲，分營衛，視察姦。」兵志（同上卷四四）云：「後又置統軍司於大名府，及海陵天德二年，……九月，罷大名統軍司，而置統軍司於山西河南陝西三路，以元帥府都監監軍爲使，分統天下之兵。」後者之山西，爲山東之誤，已如前論。又元帥府職員之次序，爲都元帥，左副元帥，右副元帥，元帥左監軍，元帥右監軍，左都監，右都監，經歷，都事，知事，檢法。（卷五五百官志）則都監監軍，當作監軍都監。

創置三統軍司之天德二年，卽海陵卽位之第二年也。距畫淮水定金宋國界之熙宗皇統元年，（一一四一年）已在十年之後。此十年間，金竟未曾置鎮撫邊陲之重要官衙乎？實決不然。上文曾言大名府曾設置統軍司，天德二年廢之，而代以南京陝西山東三路統軍司，此無非金之疆土膨脹於南方之結果也。大名統軍司創置之年代，無由知之；想在熙宗皇統年間兩國定界之後。

以上乃就金之統軍司在中國本部者言之。至於滿洲及東蒙古之統軍司，金史百官志，大金國志，皆無所見。但統軍司爲掌陲之軍事者，東北及西北方面，決不能無此官衙。果也據地理志知東京路之婆速府路，國初置有統軍司；天德二年改爲總管府。上京路有烏古迪烈路統軍司，後至天德二年，改爲招討司；可據兵志而知之。(1)婆速府路，治於今遼寧省九連城，包括鴨綠江下流流域，(2)此可謂爲金之東陲。烏古迪烈路統軍司之治所，如後文所論證，略當於今洮南府以南之地，此可謂金之西陲。金初此兩地之設有統軍司，由此官衙之性質察之，亦當然之事。然則金之北部，除此二處外，他處已無統軍司乎？欲解決此問題，先有就遼之統軍司一言之必要。

(1)地理志（金史卷二四）東京路條云：「婆速府路國初置統軍司，天德二年置總管府。」上京路條云：「烏古迪烈統軍司後升爲招討司，」兵志云：「天德二年九月……又改烏古迪烈路統軍司爲招討司，以婆速路統軍司爲總管府。」統軍司之名稱，兩志之記載稍異，但不過一詳一略耳，其實可稱爲婆速府路統軍司，烏古迪烈路統軍司，此事於後文有關係，故先於此言之。

金之統軍司之制，爲襲遼制者，無論何人，皆能推測而知之。遼之分掌部族軍民之政者，有南北兩大王院，其下掌從軍之政令者，有北院都統軍司，南院都統軍司，其長官名統軍使。別於北面邊防官中，有東京都統軍使司，南京都統軍司，東北路都統軍使司，保州都統軍司，東路都統軍使司，西南面都統軍司等名目，均見於遼史（卷四六）百官志。其名或稱都統軍使司，或稱都統軍司，與金之均名爲統軍司者不同，其實皆都統軍使司也。東京南京及東北路三統軍司，遼史紀傳中雖屢有記載，而保州與西南路及東路三統軍司，紀傳中則絕無可徵；而西北路烏古敵烈部二統軍司之名，反屢見之。遼史（卷二二）道宗紀曰：「咸雍四年（西曆一〇六八年）秋七月，壬申，置烏古敵烈部都統軍司。」大安十年（西曆一〇九四年）五月烏古敵烈統軍使蕭朽哥遇敵烈之叛而敗，僅賴西北路招討司赴援始得破之。六月蕭朽哥因罪除名(1)自是而後，遼史中遂不見烏古敵烈統軍司之名，而以西北路統軍司之名代之。蓋自此年六月至十月間，統軍司已改名矣。如是，則遼末滿蒙地方之統軍司，限於東京，東北路，西北路，三處。東京統軍司，在東京（卽遼陽）控制高麗東北路統軍司，在長春州控制東北諸部；西北路統軍司，所在雖不明，殆治於灤河或西喇木倫河上流地方，控制西北諸部。(2)

(1)遼史（卷二五）道宗紀。

(2)遼史（卷四六）百官志。有東京統軍司之名。其在東京，僅可以由其名稱推測之。至東北路統軍司之治所，殊不易言。據遼史（卷三七）地理志之記載，上京路諸州中，其兵事屬於本司者惟泰州及長春州；故本司之治所，當在此二州之中。然百官志北面邊防官條，列舉黃龍府兵馬都部署司，黃龍府鐵驪軍詳穩司，咸州兵馬詳穩司，東北路都統軍使司四司。且記曰，「已上長春路諸司控制東北諸國」，豈非暗示東北路統軍司在長春州乎？據以上理由吾人姑以長春州推定爲本司治所。至西北路統軍司之治所，遼史中無何等徵證；姑根據金代所謂西北路之中心在灤河之上流流域，想遼世當無大差耳。

金之婆速府路統軍司，乃代遼之東京統軍司者。屬於東京之東南路都統司，(1)以當控制高麗之任。金之烏古迪烈路統軍司，乃代遼之東北路統軍司者，當控制東北諸部之任。前者無述其理由之必要，後者當一言之。烏古敵烈（又名烏古迪烈）部，乃烏古與敵烈（又名迪烈）二部連稱如一部之名者。僅由此一事觀之，已可知二部之相接近。又遼史（卷一三）聖宗紀有「西北路烏古等部云云」。天祚紀（遼史卷二九）謂天祚帝得陰山室韋之謨葛失之兵，而至烏古敵烈部，則此二部在興安嶺以西無疑。此吾人所以推定烏古敵烈統軍司，以大安十年改稱爲西北路統軍司也。如此則遼代之烏古敵烈部，至金時其名遠移於東方，殆與所謂東北路同一，或爲近接之地方之名稱。金史（卷五）海陵紀云：「天德四年十一月辛丑，買珠於烏古迪烈部及蒲與路，禁百姓私相貿易，仍調兩路民夫採珠一年。」世宗紀（金史卷六）云「統和九年七月乙卯，罷東北路採珠」由此可推測矣。地理志（金史卷二四）云：「烏古迪烈統軍司，後升爲招討司，與蒲與路近」參觀海陵紀之記事，亦可知其地近於蒲與路。婆盧火傳（金史卷七一）云：「天眷元年，婆盧火駐烏古迪烈地蔑」可知與婆盧火住地之泰州，相距不遠。又可知金初之烏古迪烈部，已與遼末不同矣。

（1）金史（卷二四）地理志東京路遼陽府條云：「遼天顯三年陞爲南京府曰遼陽。十三年更爲東京。太宗天會十年改南京路平州軍帥司爲東南路都統司之時，嘗治於此，以鎮高麗」既置東南路都統司於東京，以鎮高麗，則婆速府路統軍司，至少於本都統司存在時當屬之。茲有當一言者，吾人昔作東眞國疆域考時，讀此地理志之文，認爲太宗天會十年改東京爲南京者。後據金末金史之記事中所謂東京，悉爲今之遼陽之理由，以爲天會十年改爲南京之遼陽，至貞元元年改燕京爲中都，汴京爲南京時，又改爲東京者。（滿洲歷史地理第二卷二六二頁）松井學士於許亢宗行程錄中遼金時代之滿洲交通路中，亦發表同樣之見解。（同上一六一頁）其後始知爲吾人之誤讀，實應讀爲「太宗天會十年改南京路平州軍帥司爲東南路都統司時，（其都統司）嘗治於此（東京）以鎮高麗。」其理由有四：（一）金史無天會十年改東京爲南京之記載。（二）不記改爲南京，而記改爲南京路，可怪。（三）至少於世宗大定元年以後，始呼遼陽爲東京。（四）同地理志中都路平州條云：「天輔七年以燕西地與宋，遂以平州爲南京以錢帛司爲三司，天會四年復爲平州，嘗置軍帥司，天會十年徙軍帥司治遼陽府。」天輔七年（據卷二太祖紀爲二月）雖以平州爲南京，天會四年又復舊稱，故所謂「南京路平州，」原屬編者之誤。然而天會十年爲徙平州軍帥司於遼陽之年，據最後所引地理志記事，已無庸議。若將此問題之文分段讀之爲「天會十年改南京路，」「平州軍帥司爲東南路都統司之時，嘗治於此以鎭高麗，」則後者可解爲自天會十年後所起之事實。據以上理由，吾人曩對地理志編者所下之批評，玆當撤回。若吾人之想像不誤，則魏源氏及故那珂博士以蒲鮮萬奴最後所據之南京誤比定於遼陽者，當亦爲誤解此地理志之文之故。

然則遼之烏古敵烈，與金之烏古迪烈之關係，僅其名稱相同乎？抑前者東移而爲後者乎？吾人欲解釋爲遷移者。今述其理由於下：吾人前言遼之烏古敵烈統軍司，似大安十年（一〇九四年）改稱西北路統軍司者。更觀遼史（卷二六）道宗紀有「壽隆二年（西曆一〇九六年）九月丙午，徙烏古敵烈部於烏納水，以扼北邊之衝。」則彼統軍司之改稱，與此烏古敵烈部之遷徙，其間當有密接之關係。然則烏納水在何地乎？吾人第一不可不解決此問題。松井學士謂烏納水爲納烏水之誤，指今之嫩江者。(1)果爾，烏古迪烈（卽烏古敵烈）既爲此年東遷，則與吾人前槪定爲金初本部住地之處相同。然嫩江別以納水之名前後二次見於遼史（卷一六）聖宗紀；且烏納水之名又見於金史（卷八一）耶律懷義傳；若謂兩者同爲納烏之倒置者，與元史中之納兀，那兀等名稱參照，謂爲嫩江之舊名，果得當乎？吾人頗不能無疑。今觀耶律懷義傳，有

天眷初爲太原尹，治有能聲，改中京留守，從宗弼過烏納水還中京。

中京卽後改北京者，近於今之老哈河之大名城。（土名 Chagan subargan）懷義由何處還中京，雖無明文，但非由太原往者。蓋入朝受命，由上京赴中京任，途中過烏納水者。而天眷年間宗弼之赴上京而入朝，前後惟一次，實在二年七月，(2)卽二人於此年之秋，同道赴上京，懷義留中京，宗弼則往燕京。自上京至中京之道，原不必一定；但海陵南遷行幸之地，爲經泰州臨潢中京而到燕京，(3)則此道當爲當時之孔道。果爾，則烏納水必在自上京至臨潢之間，以擬今之嫩江，恐不大穩當。(4)然以烏納水之所在，爲上京臨潢間，卽由阿勒楚喀至波羅和屯之間，則過於廣漠。今試加以限制，如後文考定金初之泰州，在距今之 Paibur Chagan nôr 三四百里之西方，爲烏古迪烈招討

司由烏古迪烈（金初）移治之處。故泰州當在烏古迪烈之東方。又泰州之婆盧火旅行中薨於烏古迪烈之事實，亦可爲其旁證。而金史地理志謂烏古迪烈路，近於蒲與路者，卽謂不近於招討司之治所，而與其中心之本部遊牧地（卽烏古迪烈路）相近也。要之遼之壽隆二年九月烏古敵烈（烏古迪烈）部之一部分，（非必謂其全部）徙於以烏納水爲中心之東蒙古東邊。則烏納水大體爲自今之洮南府至 sira-muren 間之某河，或卽 D'Anville 地圖之 Kholpira （中國圖作郭特爾河）歟？但此地方之地圖，非精確者，此種比定，幾爲無用之業。茲姑徹底吐露鄙見以俟方家斧正。(5)

(1)滿洲歷史地理第二卷一〇六頁

(2)金史（卷七七）宗弼傳，同書（卷四）熙宗紀。

(3)同書（卷五）海陵紀天德四年條。

(4)松井學士謂烏納水卽金史（卷一二一）粘割韓奴傳中之兀納水，亦屬難從。按韓奴傳云：「天會八年遣耶律余睹，石家奴，拔禹速追討大石，徵兵諸部，諸部不從，石家奴至兀納水而還，余睹報元帥府曰聞耶律大石在和州之域，恐與夏人合，當遣使索之。」據余睹傳（金史卷一三三）自天會四年至十年謀叛逃走以前皆居西京，略無可疑。石家奴傳（卷一二〇）云：「既而以本部屯戍西京，會契丹大石出奔，以余睹爲元帥，石家奴爲副，襲諸部族以還。」則彼等乃至西京（卽今之大同縣）追擊耶律大石者也。此所謂和州者，元世呼爲火州，又呼爲合剌火者，卽今之哈喇和卓（Karakhojo）在新疆省土魯番（Turfan）之東南。此時耶律大石本未居此地，乃彼等傳聞者。要之耶律余睹等至今之大同縣而西行向天山方面者。則兀納水至少亦在大同以西，與烏納水名相似，而實非一水也。

（5）金史（卷三）太宗紀云：「天會三年二月丁卯以龐葛城地，分授所徙烏虎里迪烈二部及契丹民。」習古迺傳（金史卷七二）云：「以龐葛城之地分賜烏虎里迪烈底二部及契丹人，其未墾者任力占射。」烏虎里卽烏古迪列底卽迪烈，但名爲龐葛（又書作厖葛）之城位置不明，是爲遺憾。

據上文所述，烏古迪烈統軍司，遼金二代名同而地異，獨西北路統軍司，遼有而金無。金史（卷八四）白彥敬傳有「熙宗罷統軍司，改招討司，遣彥敬分僚屬收牌印，諭諸部隸招討司。」兵志又有天德二年改爲烏古迪烈統軍司爲招討司之事實。更考婆速府路統軍司以同年陞爲總管府，則白彥敬傳之記事，決非專指烏古迪烈一統軍司之改稱者。蓋金自國初以來，亦與遼同，有西北路統軍司，後因熙宗之命，於熙宗晚年或海陵卽位之初，與烏古迪烈統軍司，同於天德二年改爲招討司者。但西北路則自國初以來設有招討司，如次項招討司考所述。故西北路統軍司，不止改稱，殆併合於以前之招討司者歟？

據白彥敬傳之記事，熙宗時旣改統軍司爲招討司矣，但約在同時，有大名統軍司之設置，天德二年廢之代以南京陝西山東三統軍司，已如前述。此等矛盾，將如何解釋乎？吾人以爲白彥敬傳記事之意，專指滿蒙地方之統軍司改稱爲招討司者。中國本部之唯一統軍司，卽大名統軍司，並未同時改稱。換言之，卽熙宗晚年（或海陵初世）以後，當中國方面邊防之任者名統軍司；當滿蒙方面邊防之任者，名招討司也。因而金史百官志謂統軍司之職掌爲「督領軍馬，鎭攝封陲，分營衛，視察姦」者，乃指海陵以後之統軍司而言，其前實與招討司職掌之「招懷降附征討攜離」大同小異也。

二　招討司

招討司之名，亦始於遼。遼史（卷四六）百官志北面邊防官條，有西南路，西北路，西路，三招討司。西南路招討司一名西南面都招討司，太祖神册元年（九一八年）設置，以控制西夏爲任務，爲西京諸司之一。西北路招討司，以控制西北諸國爲任務，爲西北路諸司之一。西路招討司以控制西路諸國爲任務，爲西路諸司之一。紀傳中屢見西南路招討使之記事，至景宗保寧以後，則與西北路招討使並見，直至遼末皆然。而西路招討司，則絕未曾見。原來遼史百官志所舉官衙之名頗多，而其職掌任務，則無何記載者占十之八九，且其名見於紀傳中者亦極少，遂使吾人疑爲嚮壁虛造之空名。即如西路招討司及東路西南路二都統軍司，似皆可認爲屬於此種。

金初曾否襲遼制置有西北路統軍司？殊不能明。但西南路招討司及西北路招討司，則據左列之記事可知。

天會初，帥府以新降諸部大小遠近不一，令懷義易置之，承制以爲西南路招討使，乃擇諸部衝要之地，建城市，通商賈，諸部兵革之餘，人多匱乏，自是衣食歲滋，畜牧蕃息矣。……十年加尚書

左僕射，改西北路招討使。懷義在西陲幾十年，撫御有恩，及去，老幼遮道攀戀，數日不得發。（金史卷八一耶律懷義傳）……（a）

遼帝奔天德，塗山以所部降，宗翰承制授尙書，爲西北路招討使（同上卷八二耶律塗山傳）……（b）

皇統六年遷西北路招討使，九年再遷天德尹西南路招討使（同上卷六八訛古乃傳）……（c）

皇統八年改同知眞定尹兼河北西路兵馬都總管，遷西北路招討使（同上卷八七僕散忠義傳）……（d）

由此足知自太宗卽位之初至熙宗之末，此兩招討司繼續存在。然前項統軍司考中所引之金史白彥敬傳有「熙宗罷統軍司改招討司」一等語，則頗與上文之事實相矛盾。吾人欲避此矛盾，因推測自遼末以來西北路統軍司繼續存在，後至熙宗末年，或更經一二年，始令併合於西北路招討司者。然此解釋，亦非無無理之點；或金初本無西北路統軍司，而以西南路及西北路二招討司代掌西邊之防禦，亦未可知。而熙宗末年下改稱之令，海陵天德二年，卽隔一年，改烏古迪烈統軍司爲招討司，殆卽實行其令者，亦未可知。

總之西北路統軍司，實爲一問題。至西北路西南路二招討司，係金初建置，據前文之記事（a，b，c，d）已可無疑。然金史（卷四四）兵志之記載，則似忽視此事實者。其文如左：

> 天德二年九月，罷大名統軍司，而置統軍司於山西（西者東之誤）河南陝西三路，以元帥府都監監軍爲使，分統天下之兵。又改烏古迪烈路統軍司爲招討司，以婆速路統軍司爲總管府。……正隆末，復陞陝西統軍司爲都統府，大定五年復罷府降爲統軍司。尋又設兩招討司與前凡三，以鎭邊陲。東北路者，初置烏古迪烈部，後置於泰州，泰和間以去邊尙三百里，宗浩乃命分司於金山。西北路者，置於應州，西南路者，置於桓州，以重臣知兵者爲使，列城堡濠牆戍守爲永制。……（e）

據此則烏古迪烈路招討司，係天德二年創置。西北路招討司及西南路招討司，係大定五年或其後始設者。烏古迪烈招討司，已無何等疑義（參照後文）；惟其他兩招討司設置之年代明與前文之記事相抵觸。吾人常以爲棄志從傳，較爲完全。因傳中與有關係之記事，不止三四也。地理志西京路豐州條，已明記皇統九年西北路（實西南路）在豐州，大定元年，豐州隸於西南路招討司，則兵志之紀年可爲全失其權威。然則編兵志者，何以有此誤謬乎？吾人欲討究之，先當述西北西南二路招討司治所移動事，便宜上先列舉史料如左：

豐州……皇統九年升爲天德總管府，置西北路招討司，以天德尹兼領之，大定元年降爲天德軍節度使兼豐州管內觀察使，以元管部族直撒軍馬公事並隸西南路招討司……（金史卷二四地理志西京路）……（f）

招討司三處，西南路豐州置司西北路桓州置司東北路泰州置司（大金國志卷三八）……（g）

桓州下，威遠軍節度使，兵軍隸西北路招討司……（金史地理志西京路）……（h）

撫州下……章宗明昌三年復置刺史，爲桓州支郡，治柔遠……承安二年陞爲節鎮，軍名鎮寧，撥西北路招討司所管梅堅必剌，王敦必剌，拿憐朮花速，宋葛斜忒渾四猛安以隸之。……（同上）……（i）

國初於西北招討司之燕子城北羊城之間嘗置之，以易北方牧畜。（同上卷五〇食貨志榷場條）……（j）

今先就西南路招討司考之，據（f）條，皇統九年豐州置西北路招討司。按豐州在今歸化城托克托附速（1），置於此地之招討司，不應稱西北路招討司。西北二字，當爲西南之誤。更觀後文，大定元年自總管府降爲天德軍節度使後，隸於西南路招討司，亦足爲其旁證。況（g）條，又明言豐州爲西南路招討司所在地耶！然（e）條，又以應州爲本司（誤爲西北路參照後文）所在地。由此察之，殆自皇統九年至大定五年（或稍後）間由豐州移至應州者。

再就西北路招討司考之，（e）條謂西北路置於應州，西南路置於桓州。按應州卽今山西省應縣，桓州卽今多倫諾爾（Dolon-nôr）西之庫爾圖巴爾哈孫（Kurtu Balgasun）（2）。可知又爲編兵志之粗漏，而正得其反。當從（g）條，以桓州爲西北路招討司所在地。故（i）條云西北路所管四猛安，隸於撫州；撫州卽今之喀喇巴爾哈孫（Kara Balgasun）（3）也。（j）條又有「西北（路）招討司之燕子城」一句，亦足爲旁證。燕子城，據（i）條及後文，爲撫州治所之柔遠縣所在地。但（h）

條僅記桓州之軍兵隸於西北路招討司，雖屬編者之粗漏，亦暗示本司非終始治於桓州，又曾在桓州以外之地者。然則桓州置司爲何年？桓州以前之司治又何在？此事本甚不易言。今試述鄙見如下：

金史（卷八九）移剌子敬傳曰：

世宗將如涼陘，子敬與右補闕粘割斡特剌，左拾遺楊伯仁奏曰，車駕至曷里滸，西北招討司囿於行宮之內地矣，乞遷之於界上以屏蔽環衞。上曰善，詔尙書省曰，招討斜里虎可徙界上治蕃部事，都監撒八仍於燕子城猛治安謀克事。……(k)

金史世宗紀大定八年條云：「五月乙丑上如涼陘，……庚寅改旺國崖曰靜寧山，曷里滸東川曰金蓮川」。元史（卷四六）河渠志灤河條云：「灤河源出金蓮川中」。則金蓮川爲灤河之上流，卽今上都河之上流也。然不曰金蓮水，不曰金蓮河，而名金蓮川者，殆指上都河上流流域之平野歟？要之，金蓮川之古名爲曷里滸（曷里許）東川，(k)條之曷里滸亦不外此。涼陘亦在其附近，只據地理志桓州條之記事，已可無疑。所謂「行宮」，卽指涼陘者，故所謂行宮之內地者，當指涼陘行宮所在地之金蓮川平野。果爾則西北路招討司，原在此平野中，今納子敬等之議，移之於邊境。招討使斜里虎遂去舊地而徙於界上。所謂「界上」者，爲何處困難明言。但地理志謂桓州之北一里半有舊界，則此時招討司之新治所，似卽桓州。而由當時當無金蓮川之名察之，招討司之移治當在大定八年五月以前。而據以前屢次引證之金史兵志之文卽（e）則明爲大定五年以後之事。故本司之置於桓州，當在自五年至八年五月之間。更觀粘割斡特剌傳（卷九五）斡特剌之爲右補闕爲大定七年或八年之事；則桓州置司之年次，愈有範圍矣。世宗之赴涼陘，此二年間僅有一次，卽如前文所言，八年五月乙丑因向涼陘而發中都，八月乙卯還。於是吾人推定如下曰：大定八年（一一六八年）五月朝議決移西北路招討司事，在世宗未到涼陘之前，當已實行，而其新治所，當卽桓州。

（1）大清一統志（卷一二四）歸化城大廳古蹟條。

（2）同書（卷四〇九之一）御馬廠古蹟場。

（3）參照同書（卷四〇六之六）鑲黃四旗等牧廠古蹟條，並 Bretschneider, Mediaeval Researches, I, p. 46 mote 108。

然則西北路招討司之舊治，又何在乎？所謂「行宮之內地，」所謂「金蓮川，」不無過於廣泛之嫌。然據(k)之末尾，「都監撒八仍於燕子城治猛安謀克事」之語考之，殆謂招討司之長官斜里虎，雖奉命直赴界上新治所，但屬官撒八則仍舊居於燕子城，監督猛安謀克也。然則大定八年五月以前西北路招討司當在燕子城。又(j)條有「西北招討司之燕子城」句，亦足爲旁證。但燕子城，據地理志當大定十年爲柔遠縣治，明昌三年（一一九二年）置桓州支郡撫州時，亦治於此，謂此爲「行宮之內地」，而在「金蓮川」之中，似有過偏於西之嫌。然觀元史世祖紀及續通鑑綱目等築造開平城以前之記載，則知由桓州至撫州之地，大體亦稱爲金蓮川。(1)要之西北路招討司，大定八年五月以後治於桓州，其以前蓋在撫州也。

據以上所述，知以桓州爲西北路招討司治所，爲大定八年事。而西南招討司之治所，由豐州移於應州，殆在同時。果爾，則大定五年（實爲八年）非二司創置之年，實西南路司移於應州，西北路司移於桓州之年也。而編兵志者認爲創置二司之年者，似亦有若干理由。如後文所述，烏古迪烈招討司之改稱東北路招討司，且移於泰州也，似在大定年間之前半期。果爾，則三司所在地定爲如兵志所記者，乃招討司制度上劃一新紀元之期也。故當時有因此認爲創置招討司者，因而謂兵志之記載概屬編者之粗漏者，亦不合也。

（1）世祖於憲宗元年七月因總管在漠南（又名赤老温山南）之軍民，開府於瓜忽都（一作爪忽都，續綱目作金蓮川）翌年七月，因征伐大理，發自曲先惱兒（續綱目云八月發金蓮川）四年春班師，八月駐桓撫間，冬駐於爪忽都，謁憲宗於哈里叉海，五年春復駐桓撫間，六年九月開平城起工，是冬駐於哈喇八剌合孫，（以上據世祖紀）（以上附圈者悉在漠南蒙古）世祖紀所舉之地名今日不易比定，又屢云在「駐桓撫間」所謂「桓撫間」者，續綱目以金蓮川代之。姑記於此，以俟後日之補考。

茲再就東北路招討司考之。據兵志之記事，（卽 e）天德二年九月，改烏古迪烈路統軍司，爲烏古迪烈路招討司，後又改爲東北路招討司。其所在地，初在烏古迪烈部，後移泰州。其改稱東北路招討司之年次，與移泰州之年次今皆不詳。但由其文察之此二事蓋在同時。觀金史（卷一三三）移剌窩斡傳，正隆六年，烏古迪烈招討使烏林答蒲盧虎被契丹賊所殺，當時尚未稱爲東北路招討司。又記是年泰州節度使烏里雅爲窩斡所敗，可知泰州尚未有招討司。又僕散忠義傳（金史卷八七）記大定五年由河北東西路等九路軍中，約量揀取馬步軍，其他並行放還之事，知西南西北招討司，臨潢府，泰州，北京，婆速，曷懶，山東東西路，屬於後者。若當時有東北路招討司，則當屬於此中，而不舉其名，反言泰州，可知大定五年尚無東北路招討司。又可見東北司不在泰州矣。更進觀移剌按答傳（金史卷九一）有「除武定軍節度使，以招徠邊部功遷東北路招討使。」世宗紀（金史卷六）大定八年條，有「十二月戊子朔遣武定軍節度使移剌按等招諭阻僕。」大定十二年條（卷七）有「四月阻僕來貢」則移剌按答之爲東北路招討使，至遲當在十二年。果爾，則烏古迪烈招討司，改爲東北路招討司，當在自大定五年至大定十二年之間。（恐與西北路招討司之移治桓州，同在大定八年，）殆本司由烏古迪烈移於泰州之結果也。

東北路（烏古迪烈）招討司最初所在地，爲烏古迪烈地，大約在今タオル（洮爾？）河之南。第二所在地之泰州，又何在乎？按金史地理志曰：

泰州昌德軍節度使，遼時本契丹二十部族牧地，海陵正隆間，置德昌軍，隸上京。大定二十五年罷之。承安二年復置於長春縣，以舊泰州爲金安縣隸焉。北至邊四百里，南至懿州八百里，東至肇州三百五十里，戶三千五百四，縣一（舊有金安縣，承安三年置，尋廢）堡十九，長春（遼長春州韶陽軍，天德二年降爲縣，隸肇州，承安三年來屬，有撻魯古河、鴨子河，有別里不泉。）

本文之承安二年，據注文推之，應爲三年之誤。金安縣爲金山縣之誤，松井學士已於滿洲歷史地理第二卷言之，據此記載，金初之泰州，與遼之泰州同地，而金末之泰州，則與遼之長春州同地。今列表如左：

泰州（自遼至金之大定二十五年）——金山縣（自承安三年至金末）

長春州（自遼至金之天德二年）——長春縣（自天德二年至金末）——泰州（自承安三年至金末，州治卽長春縣）

遼之長春州，卽金之新泰州。據遼史（卷三三）營衛志，知在鴨子河濼西南三十五里，鴨子河濼比定於今伯都訥西方之 Paibur Chagan nôr，故其位置略可推定。(1) 然則遼以來之泰州（卽舊泰州）之位置何在乎？據左列金史之記事，卽可推知矣。

明年（承安四年）宴賜東北部，尋拜樞密使，封榮（章宗紀作崇）國公。初朝廷置東北路招討司泰州，去境三百里，每敵入，比出兵追襲，敵已遁去，至是宗浩奏徙之金山，以據要害，設副招討二員，分置左右，由是敵不敢犯。（卷九三完顏宗浩傳）……（l）

泰和八年四月甲寅，以北邊無事，勅尚書省，命東北路招討司還治泰州，就兼節度使，其副招討仍置於邊（卷一二章宗紀）……（m）

今以（l）與前文引用之（e）對照觀之，知為記述同一事實者，但（e）謂泰和間，蓋編兵志者誤會承安四年宗浩之奏議，及關於金山分司之事實，為與（m）之記事為同一也，其不明記為泰和八年而記為泰和間者，因宗浩之死在七年，而欲避其間之矛盾也。果爾，則編兵志者，不僅不勤加研究，且時亦甚用曲筆也。要之，據（l）知金山為近邊之地，而邊則距泰州三百里（地理志作四百里）可知金山在泰州（卽 Paibur Chagan nôr）之北或其西三四百里之地。金山為舊泰州之故址，而當上京至臨潢之大道。金史（卷三）太宗紀云「天會二年正月丁丑，始自京師（上京）至南京（今之北平）每五十里置驛，……三月辛巳，命置驛上京、春（長春）、泰之間。」又海陵紀（金史卷五）云：「天德四年二月甲戌，如燕京，……戊子，次泰州，……四月壬辰，上自泰州如涼陘，五月乙卯次臨潢府。……八月丙子次於鐸瓦，九月甲午次中京、（今之老哈河岸大名城）……貞元元年二月庚申上自中京如燕京，三月辛亥上至燕京。」觀此可以無疑矣。故舊泰州（卽金山）當在新泰州（今 Paibur Chagan nôr）附近之西方三四百里。

（1）鴨子河灤，爲今之 Paibur Chagan nôr 已無可疑。茲將比定之理由一言之：（一）金史地理志泰州（遼之長春州金之新泰州）條云「北至邊四百里，南至懿州八百里，東至肇州三百五十里，」可爲確證，因其里數頗精確也。按許亢宗行程錄，松漠紀聞，金虜圖經，御寨行程等，計算肇州附近之賓州上京間之距離，錄云二百九十里，紀聞圖經云二百六十里，行程云二百五十里。信州（今懷德縣附近）上京間之距離，錄云二百九十里，紀聞及圖經云三百二十里，行程云三百四十里，卽賓州（今之伊通松花兩河合流點附近）略當於上京信州間之中央。由此標準觀之，肇州之東三百五十里，懿州（今彰武縣附近）之北八百里之長春州，應正在 Paibur Chagan nôr 附近。（二）大金國志（卷三）云「遼主天祚自天慶親征敗績（五年十二月護步答岡之大敗）之後，退保長春州，又退保廣平甸，（在遼之冬捺鉢，在潢河土河合流處，）又退保中京，（七年冬十月）……」據遼史及金史，長春州之陷於金，在天慶七年正月，既云「退保長春州」。又在護步答岡戰後隔一年始歸金人占領之長春州，決不可謂在此湖之東方也。

吾人前曾推測烏古迪烈路招討司，改稱爲東北路招討司，當在大定五年至十二年之間，而此改稱事，爲本司由烏古迪烈移於泰州之結果。果爾，則當時之泰州，當不外所謂舊泰州也。舊泰州以大定二十五年被廢，至承安三年，新泰州再興於遼以來之長春州，（當時之長春縣）依然爲東北路招討司所在地。由此考之，東北路招討司，殆於大定二十五年與舊泰州同時廢止，抑或移置他處，雖不能詳，要之在歷史上，實於承安三年與新泰州之建置同時再現，與泰州之名，同移於東方者。即天德二年，置於烏古迪烈之招討司，至大定十年前後，改其名爲東北路，同時移於泰州；至二十五年，一時被廢，抑或置於泰州以外之地；至承安三年，又移於新泰州；至其翌年，從宗浩之議，新泰州之招討司，復徙於舊泰州之金山，別任副招討使二員，分置於金山之左右，以扼止敵人之侵寇，據（1）條可知也。既而果奏大效，北邊漸以無事，故泰和八年招討司復歸於新泰州，副招討使二人，依然居於邊地，以當防備之任。據(m)條又可知之。蓋邊地者，不外金山附近，而東北路招討司之移動，則決不限於此也。金史曰：

宣宗遷汴（貞祐二年）召赴闕，上言，泰州殘破，東北路招討司猛安謀克人皆寓於肇州（德升爲肇州防禦使）凡徵調任復甚難，乞升肇州爲節度使，以招討使兼之，置招討副使二員，分治泰州及宜春，詔從之。（卷一二二烏古論德升傳）……(n)

肇州……承安三年，復以爲太祖神武隆興之地，陞爲節鎮，軍名武興，……後廢軍，貞祐二年復陞爲武興軍節鎮，置招討司，以使兼州事。（卷二四地理志）……(o)

貞祐二年樞密使徒單度移剌，以鐵哥充都統，入衛中都，遷東北路招討使，兼德昌軍節度使，蒲鮮萬奴在咸平，忌鐵哥兵強，牒取所部騎兵二千，又召泰州軍三千及戶口，遷咸平，鐵哥察其有異志，不遣。（卷一〇三完顏鐵哥傳）……(p)

據(m)(o)知因泰州殘破，故東北路移於肇州。據(n)則知泰州及宜春別置招討副使各一員分治之。卽襲泰和八年於泰州之外別置分司於金山之例也。據(p)，則其時之招討使，卽不受蒲鮮萬奴威嚇之完顏鐵哥其人也。宜春爲會寧府屬縣，既謂其境內有鴨子河，則離今之松花江與伊通河合流點不遠而與肇州相近矣。肇州，據舊說比定爲松花江北之珠家城子，近日由池內津田兩氏之研究，已知確在松花江南岸。

茲據以上所述，將烏古迪烈招討司，卽後之東北路招討司治所之變遷，列表如左：

烏古迪烈招討司——烏古迪烈（自天德二年至大定五——十二年）東北路招討司——
舊泰州（自大定五——十二年至二十五年）——某地？（自大定二十五年至承安三年）
新泰州——（自承安三年至四年）——金山卽舊泰州（自承安四年至泰和八年）——
新泰州（自泰和八年至貞祐二年）——肇州（自貞祐二年至金末）

吾人檢索金史，又知奚人契丹人爲招討使及爲招討都監者如左：

耶律懷義（西南路招討使西北路招討使）耶律塗山（西北路招討使）蕭王家奴（奚人烏古迪烈招討都監）蕭懷忠（奚人西北路招討使）老和尚（西北路招討都監）耶律神都斡（同上）移剌子元（同上）移剌道（西北路招討使）移剌按答（東北路招討使）

以上九人，乃自太宗天會元年至世宗之大定十二年（1）間任命者。順序考其任官之年次，則在吾人檢索之範圍內，知至大定中期以後，已不見有契丹人任此官者。吾人若無失檢，則知此乃世宗對契丹政策變化之自然之結果。又如猛安謀克考中所述，契丹人自世宗大定九年，又喪失受猛安謀克榮稱之特權。則招討司之問題，直與金廷對契丹政策有交涉，決非單純之官制問題也。

（1）移剌按答之爲東北路招討使，爲自八年十二月至十二年四月間事。

第二　猛安謀克考

一　猛安謀克之名義

金史（卷四四）兵志曰：「金之初年，諸部之民，無它徭役，壯者皆兵，平居則聽以佃漁射獵習爲勞事，有警則下令部內，及遣使詣諸孛菫徵兵，凡步騎之仗糗，皆取備焉。其部長曰孛菫，行兵則稱。。，曰猛安謀克，從其多寡以爲號，猛安者千夫長也，謀克者百夫長也，謀克之副曰蒲里衍，士卒之副從曰阿里喜……」孛菫爲通古斯Tunguse語中首領君主之意之bygin, bogin, bekin之對音，散見於金史之勃極烈，即由此轉訛爲bogile, bokile者，滿洲之官名貝勒又其轉訛爲boile, beile 之對音也。平時稱爲孛堇之部長，戰時帶猛安或謀克之稱號，率其所部而出征。猛安爲女眞語 ming-kan 滿洲語及蒙古語 ming-gan 之對音，有「千」字之意，解作爲「千夫長」，頗爲正當。蒙文元朝祕史用敏罕二字譯爲「千戶」。至於謀克，又名「百夫長」，則似原語當有「百」字之意矣；然「百」字在女眞語爲 tanghŭ，滿洲語爲 tanggŭ 或 tanggō，而與謀克二字之音，並無何等類似之處。乾隆欽定之金史國語解云：「謀克百夫長也，謀克卽墨由克，索倫語謂鄉里爲墨由克」，姑從此說，則謀克有 muke 之音，可解爲鄉里之意。白鳥博士東胡民族考中以遼史所載之契丹語「彌里」及「抹里」，爲滿洲語中有族及羣聚之意之 muhun 之對譯，由此更事推論，此當與 Solon 語之 muke，朝鮮語之 male，語源相同。由是觀之，編金史者之解謀克爲「百夫長」也，乃由鄉里之意轉爲鄉長邑長之意；更由其職掌上考之，對於猛安之爲「千夫長」，而譯爲「百夫長」者，固非認其語有「百」字意也。阿里喜爲滿洲語 ilhi 之對譯，與遼史之阿魯盌同，有次序，副，輔佐等意。白鳥博士已論之矣。至蒲里衍之音義，尚未能詳。(1)

（1）史學雜誌第二十三編云滿洲源流考（卷一八）國俗條有「穆昆（滿洲語族長也，舊作謀克今改正）……穆昆之副曰富埒琿（滿洲語惠也，舊作蒲里衍，今改正，）士卒之副從曰伊勒希（滿洲語副也，舊作阿里喜，今改正，）」云云。蓋穆昆爲 mukôn 之對音，富埒琿爲 fulehun 之對音，伊勒希爲 ilhi 之對音。mukôn 即白鳥博士之 muh^n，與 ilhi 皆爲正解。蒲里衍似爲有恩惠慈悲之意之 fulehun 之對音，未知是否。

二　猛安別名爲千戶

猛安原語，有「千」字意。編金史者又明解爲「千夫長」，故其名又呼爲「千戶」，本無足怪。惟金史百官志中絕無此名，反頻頻散見於紀傳中。甚至同一年之條，同一人之傳，前紀爲猛安，後又記爲千戶者，亦不少。若漫然讀之，未有不被其所誤者。茲摘出以下數例，以證明兩者完全同一。因知金史一書，決非如昔人所謂用意周到者，實有出乎意外之草率之譏也。

（a）　天輔七年五月，撻懶平定奚部，表請設官鎭守之；太祖答曰，「依東京渤海列置千戶謀克，」語見撻懶傳。（金史卷七七）而奚王回離保傳（金史卷六七）則云：「奚人以次附屬，亦各置猛安謀克領之。」是撻懶傳所謂千戶，卽回離保傳之所謂猛安也。且「依東京渤海列置千戶謀克」之「列」字，爲「例」字之誤，卽依東京渤海人之例之意也。遼史（卷二八）天祚紀天慶六年正月條云：「東京故渤海地，太祖力戰二十餘年乃得之，而蕭保先嚴酷，北（疑當作渤）海苦之，故有是變。其裨將渤海高永昌僭號，……閏月戊午貴德州守將耶律余覩以廣州渤海叛。……」可知東京道，爲渤海人主要住地矣。高永昌之亂，至是年五月完全平定，金人遂置猛安謀克於此，一如女眞之地，見金史卷二太祖紀。太祖又按此例，亦於奚地置猛安謀克，可知實非「置與猛安不同之千戶」也。

（b）　大臯傳（金史卷八〇）云：「天眷三年（西曆一一四〇年）罷漢渤海千戶謀克，以臯舊臣，獨命依舊世襲千戶。」兵志（卷四四）云：「皇統五年（西曆一一四五年）又罷遼東漢人渤海猛安謀克承襲之制，浸移兵柄於其國人。」傳志之年次各異，不知何者爲正？但其爲同一事實，非起於異時者，則可知也。傳文之千戶，卽志文之猛安，大臯已於收國二年爲謀克，未幾授猛安，本傳中已有明文，此處云「依舊世襲千戶」，則其間已毫無可疑矣。

（c）　宗雄傳（金史卷七三）宗雄以擊敗渤海之功，太祖授以世襲千戶謀克。宗雄死後，長子蒲魯虎襲猛安，蒲魯虎死，天眷二年其弟按答海襲之，未幾讓於兄子桓端，桓端死其子裊頻未襲而死，章宗命宗雄之孫蒲帶襲之。（摘錄大意）同一宗雄傳中，前記爲千戶，後又記爲猛安。

之異稱也。

（d）突合速傳（金史卷八〇）云「天德間封定國公，授世襲千戶。卒年七十有二。……初突合速以次室受封，次室子因得襲其猛安及分財異居……」前所謂千戶，後所謂猛安，實同官

（e）烏帶傳（金史卷一三二）先記烏帶誣奏秉德於海陵而殺之之事，其後記曰：「以秉德世襲猛安謀克授烏帶，進右丞相。烏帶與宗本有親，海陵以烏帶告秉德事，故宗本之禍，烏帶獨免，以秉德千戶謀克及其子婦家產盡賜之，進司空左丞相兼侍中。」由前項與此項觀之，前後僅隔一二行，前稱猛安，後稱千戶，編者之疏忽，亦可驚矣。或者編者不知猛安與千戶之名異而實同乎？

據以上所述，可知所謂千戶者即猛安之別名，亦即俗稱也。此外千戶之名，概與謀克並記，又有世襲千戶之稱，無一不足爲千戶即猛安之佐證。吾人僅摘其以上數例而已，其他不及備錄。

三　猛安謀克之三義

同是猛安，同是謀克因所用之地不同，遂有三種意義。一爲屯田軍之名；一爲將校之名；一爲榮爵之名。以下依次述之。

甲　屯田軍之猛安謀克

編金史者論金興之原由曰：

金興用兵如神，戰勝攻取無敵當世，曾未十年，遂定大業。原其成功之速，俗本鷙勁，人多沈雄，兄弟子姪，才皆良將，部落保伍，技皆鋭兵，加以地狹產薄，無事苦耕可給衣食，有事苦戰可致俘獲，勞其筋骨以能寒暑，徵發調遣事同一家，是故將勇而志一，兵精而力齊，一旦奮起變弱爲彊，以寡制衆，用是道也。

此種情形，不獨金代爲然；如遼，如元，如淸，凡古來稱雄於北族間者之南下，皆此故也。但此文亦可謂言簡而意該矣。抑金代歷史中所記太祖以前之事實，雖多不足信，但當時女眞部落，牧畜或耕作於某邱之側，某水之邊，上戴稱爲孛菫之部長，時時爭水草豐美之地，則大略如其所記，而無庸疑。換言之，此等部族，大概皆爲屯田軍之狀態也。及太祖出，諸部族歸降之後，或因天災，或因土地瘠鹵，或因政略上之必要，曾屢次變更諸部之住地。及滅遼而拓地於西南兩方面，遂新設屯田軍於南滿洲及東蒙古各地，一以緩和國人生活之艱難，一圖新占領地之拓殖。當此之時，金對於舊來諸部落，及新設屯田軍，皆以猛安或謀克之名呼之。猛安謀克本其部長（即孛堇）行軍時之稱號，已如前述。至太祖時（1）新設部落，即統率屯田軍者，亦與以此等稱號，而呼爲猛安或謀克。

金自太祖即位之初，連年用兵於南方，金宋兩國交戰凡十餘年，此間女眞人之移住漢地者已不少，則創設屯田軍於漢地，亦不難推測也。大金國志（卷八）太宗紀云「天會十一年秋，起女眞國土人散居，女眞一部族耳，後既廣漢地，恐人見其虛實，遂盡起本國之土人，棋布星列，散居四方，令下之日，比屋連村，屯結而起」云云，此亦漏洩此間之消息者，惜其語過於誇張耳。然當時果備屯田軍之制度乎？亦不能無疑。同書（卷一二）熙宗紀曰：

皇統五年春……創屯田軍，凡女眞契丹之人，皆自本部徙居中州，與百姓雜處，計其戶授以官田，使其播種，春秋量給衣馬，若遇出軍，始給其錢米，凡屯田之所，自燕山之南，淮隴之北，皆有之，

多至六萬人皆築壘於村落間。(2)

皇統五年，乃劃淮水大散關爲金宋兩國之界之和約成立後第四年也。謂此年創置屯田軍，雖不中，亦不遠矣。自此以後，漢地屯田軍之規模漸次擴大。皇統九年八月，曾徙遼陽之渤海人於燕京以南，事見金史（卷四）熙宗紀。貞元年間，詔給牛萬頭於徙居南京（卽開封）之按出虎八猛安，事見金史（卷九二）曹望傳。及海陵遷都，正隆元年又徙上京之宗室數猛安於中都，山東，河間等地。（金史卷四四兵志）當此前後，北京路奚霫之軍民亦南移。（同上卷八四高楨傳）至大定年間，山東及河東之地，到處有猛安謀克犬牙交錯於州縣之間。(3)據金史（卷四六）食貨志記有大定二十三年，猛安謀克之戶口。猛安之數二百二，謀克之數一千八百七十八，所領戶數凡六十一萬五千六百二十四，人口六百十五萬八千六百三十六。當時天下之戶數，大約六百五十萬，人口六千四百二十萬，而猛安謀克所領之戶數約占十分之一，人口約超過百分之七，可以想見其盛況矣。

(1)金史（卷二）太祖紀收國元年天輔五年條，及其他。

(2)大金國志（卷三六）屯田條，文字略同。見後第六節之末。

（3）參照金史思敬傳（卷七〇）完顏汝弼傳（卷八三）紇石烈良弼傳（卷八八）完顏守道傳（同上）曹望之傳（卷九二）

由此可知所謂猛安謀克者，卽金之屯田軍，實國防之中堅也。此等猛安謀克，在州縣管轄以外，直屬於節度使或總管府。故州縣與猛安謀克，在地方制度上爲對立者。前者稱爲某州某縣；後者呼爲某猛安某謀克。今據金史，略舉其名稱如左：

（甲）上京路曷懶兀主猛安，敵骨論窟申謀克。濟州和朮海鸞猛安，涉里斡設謀克。北京路窟白猛安，陀羅山謀克。河北西路愛也窟河世襲猛安，阿里門河謀克。山東西路三土猛安，盆打把謀克。

（乙）上京路寧打渾河謀克。上京路移里閔斡魯渾河猛安。蒲與路屯河猛安。曷懶路婆朵火河曷速館苾里海水猛安。咸平路伊改河猛安。河北西路愛也窟河猛安。山東東路忒里河猛安。東北路烏迸苦河猛安。忽隣河謀克。遊古河猛安。曷懶路泰申必剌謀克。東京路斡底必剌猛安。北京路訛魯古必剌猛安。中都路火魯虎必剌猛安。大名路納鄰必剌猛安。河北東路洮委必剌猛安。山東東路把魯古必剌猛安。

（丙）　蓋州本得山猛安。北京路𥱧柏山猛安。北京路陀羅山謀克。山東東路付母溫山謀克。石女山謀克。蘭子山猛安。速頻路曷懶合打猛安。葛也阿隣猛安。抗葛阿隣猛安。

以上分三類甲類爲某猛安中屬有某謀克者，如州縣中之稱某路某州某縣也。乙類爲某路某河之猛安謀克。丙類爲某路某山之猛安謀克。金史（卷六六）完顏勗傳曰：

天會六年詔書求訪祖宗遺事，以備國史命勗與耶律迪越掌之。勗等採摭遺言舊事，自始祖以下十帝，綜爲三卷。凡部族，既曰某部，復曰某水之某，又曰某鄉某村以別識之。

所謂「自始祖以下十帝」者，自始祖至康宗，即太祖以前十帝也。試繙金史中太祖即位前後諸人之傳，正如上文所記。如「石顯，爲孩懶水烏林答部人」「烏春，爲阿跋斯水溫都部人」「臘醅麻產兄弟，爲活剌渾水訶鄰鄉紇石烈部人」「留可，爲統門與渾蠢水合流地之烏古論部人，」皆是也。又金史列傳中，有「某爲某路某猛安（或謀克）人」者頗多。又有單記爲「某爲某路某河之人，」「某爲某路某山之人，」「某爲某路某（地名）之人」河名山名或地名之下，明見爲脫落

「猛安」或「謀克」二字者亦不少。因想及太祖卽位之後，因從來諸部落皆改以猛安或謀克之名稱之故，昔稱爲「某水某部之人」「某山某部之人」者，卽改稱爲「某水（或山）某猛安（或謀克）之人。」烏延蒲离黑傳（金史卷八六）謂「烏延蒲离黑速頻路哲特猛安人」其所以爲金史中此種記載法之最初者，決非偶然；蓋其初次臨陣，實在從太祖伐遼之時也。

（乙）　將校之猛安謀克

金史中往往有「行軍猛安」之語，是爲一時之猛安，惟在行軍時有此種稱號。換言之，卽表示將校之一階級者。觀下列二例自知。

李石……天會二年授世襲謀克，爲行軍猛安。（金史卷八六李石傳）

夾古胡剌……襲其父謀克。正隆末，山東盜起，胡剌爲行軍猛安討賊。（同上卷八六夾古胡剌傳）

又有不冠「行軍」二字，仍知其爲示將校之階級者。如左：

僕散忠義……從宗輔定陝西……帥府錄其功，承制署爲謀克。宗弼再取河南，表薦忠義爲猛。

安。……領親軍萬戶超寧遠大將軍，承其父世襲謀克（金史卷八七僕散忠義傳）

據唐括安禮傳（金史卷八八）大定十七年西北路招討都監移剌子敬受命往參與窩斡之亂之契丹人於上京濟州等處東行之時，「遣猛安一員以兵護送。」此猛安亦將校也。又張浩傳（同上卷八三）云：

海陵至汴，累月不視朝。……浩附奏曰，諸將皆新進少年，恐悞國事，宜求舊人練習兵者，以爲千戶。謀克。

此所謂千戶者，卽猛安之異稱。大金國志（卷一四海陵紀）記正隆五年海陵南伐之事云：

軍數已定，遂以百戶爲謀克，千戶爲猛安，萬戶爲統軍。其統軍則有正副。

此種記載似以前稱爲百戶千戶，自此始改稱謀克猛安者，此實誤解也。當時稱謀克爲百戶者甚少，稱猛安爲千戶者亦不免爲俗稱。又同書所記將校之名稱等差，似亦難從。金史（卷一一一）古里甲石倫傳有記事如左：

奏請招集義軍，設置長校，各立等差。都統授正七品職，副統正八品，萬戶正九品，千戶正班任使，謀。克。雜班，仍三十人爲一謀克，五謀克爲一千戶，四千戶爲一萬戶，四萬戶爲一副統，兩副統爲一都統，外設一總領提控制可。

據此可知將校之階級分總領提控（一人）都統（一人）副統（二人）萬戶（四人）千戶（四人）謀克（五人）六等，此即當時之官制也。故貞祐四年陳規之上宣宗之奏中有「況今軍官數多，自千戶而上有萬戶，有副統，有都統，有副提控，十羊九牧，號令不一，動相牽制。」（金史卷一〇九陳規傳）此所謂千戶，亦猛安之別名也。故猛安謀克之名稱除指屯田軍及世襲榮爵外，明爲統率軍隊之將校之一階級。

（丙）　榮爵之猛安謀克

劉祈歸潛志（卷三）曰：

朮虎邃士元，先名玹，字温伯，女直納鄰猛安也，雖貴家，刻苦爲詩如寒士，……烏林答爽，字肅孺，女直世襲謀克也，……雖世族，家甚貧……

僅此二例，已足知猛安謀克之名，用以表示榮爵者矣。茲再舉金史二三之例，以爲旁證。

(a)李石於天會二年授世襲謀克同時爲行軍猛安，是榮爵爲謀克，將校爲猛安也。(金史卷八六李石傳)

(b)思敬熙宗時擢爲右衞將軍，襲押懶路萬戶時，授世襲謀克。是其官爲萬戶，而授世襲謀克也。(卷七〇思敬傳)

(c)昂於海陵時，任左監軍，授上京路移里閔斡魯渾河世襲猛安。按左監軍爲正三品之官，固非有千夫長或千戶別稱之將校猛安可比。(卷八四昂傳)

(d)太祖之孫阿鄰，天德三年授世襲猛安，海陵時，因罪剝奪，世宗卽位之後復之。當時阿鄰已得所謂英王太子太傅等貴爵高官，由此可知世襲猛安之如何榮譽矣。

(e)金史中有對於授猛安或謀克稱爲「封」者。如突合速死後，嫡子與庶子爭承襲猛安之權，世宗曰：「次室子豈當受封耶，」遂使嫡妻之長子襲之。(卷八〇突合速傳)卽其一例也。大定二十年，世宗授新有功者以猛安謀克，兵志記其事云：「復命新授者並令就封。」其二例也。海陵之世，減少猛安謀克時，完顏福壽亦被罷，金史(卷八六)福壽傳記曰：「遂停封。」其三例也。詳細搜索，其例尚多。

此等事例，舉不勝舉，不必絮絮。茲再就金史中之合扎猛安，合扎謀克，合扎千戶，親管謀克等一言之。冶訶之長子阿魯補，伐宋有功，熙宗皇統五年爲行臺參知政事，授世襲猛安兼合扎謀克，後爲海陵所殺。世宗即位後，大定三年，使阿魯補之子襲猛安及親管謀克見於金史（卷六八）冶訶傳。可知合扎謀克，即親管謀克；又可知「合扎」二字有親管之意。天輔六年宗雄死，太祖命合扎千戶駙馬石家奴護喪歸葬於歸化州，見於金史（卷七三）宗雄傳。合扎千戶，即合扎猛安，亦無非親管猛安也。又金史（卷八四）昂傳，海陵時以功授上京路移里閔斡魯渾河世襲猛安；海陵曰「汝有大功，一猛安不足酬也，」更授四謀克，昂僅受親管謀克，其餘三謀克，讓之於族兄弟云。可見親管猛安親管謀克之尤爲貴重矣。阿魯補，與石家奴，及昂皆金之宗族世戚，尤當留意。既知此種事例，再玩味金史（卷四四）兵志之文，則金代禁軍之制，自能了解不少。今錄其開始之文以供參考。

禁軍之制，本於合扎謀克，合扎者，言親軍也，以近親所領，故以名焉，貞元遷都，更以太祖遼王宗幹秦王宗翰軍，爲合扎猛安，謂之侍衞親軍，故立侍衞親軍司以統之。

觀此，則知「合扎」有近字親字之意。但女眞語謂近曰的哈撒（tih-hāh-sah），謂親曰撒都該（sāh-tū-kāi）皆無類似「合扎」之音。余曾就正於白鳥博士，博士曰，合扎之音爲 hap-ča，轉爲 hanči 與 harči，或者通古斯（Tunguse）語之 karči 與滿洲語之 hanči 有近似意云。要之合扎謀克，（卽親管謀克）爲禁軍（或親軍）之單位，合若干合扎謀克組成合扎猛安，合若干合扎猛安成禁軍或親軍。同在世襲猛安謀克之中，合扎猛安合扎謀克之尤爲榮譽，亦無足怪矣。海陵以後，禁軍制度之沿革，金史兵志記載甚詳，茲不復贅。

四　榮爵之猛安謀克與外國人

太祖阿骨打爲都勃極烈之翌年，卽金史所謂太祖卽位之二年，（西曆一一一四年）始定猛安謀克之領戶，以三百戶爲謀克，十謀克爲猛安。其後太祖威名震於四鄰，女眞諸部不必言，卽遼人漢人等外國人，每有相率降附者，太祖亦以猛安謀克之稱號，授此等諸部之首領，使撫馭所領。如天輔二年（西曆一一一八年）遼人訛里野，漢人王六兒等之授謀克，漢人王伯龍，遼人高從祐等之授猛安，（金史卷四四兵志）漢人韓慶和，張應古，劉仲良，李孝功，劉宏等，及渤海人二哥之授千戶，

（卽猛安）三年，遼人楊詢卿，羅子韋等之授謀克，（卷二太祖紀）皆其例也。然據金史兵志，太宗卽位後未幾，有可認爲停授外國人猛安謀克之制者；卽「至天會二年（西曆一一二四年）平州既定，宗望恐風俗揉雜民情弗便，乃罷是制，諸部降人但置長吏以下，從漢官之號，」是也。遼平州節度使時立愛之降也，爲天輔七年（一一二三年）正月，其二月，改平州爲南京，任張覺爲南京留守，五月張覺叛，十一月敗而奔宋，其部下張敦固代而據之，翌年（天會二年）五月被誅，南京（卽平州）完全恢復。故宗望建議罷此制，此當爲天會二年五月以後之事，但他無可徵，不能更得其詳。又宗望述廢止之理由曰，「風俗揉雜民情弗便，」此語之意義，稍欠明瞭。又百官志（金史卷五五）曰：「漢官之制，自平州人不樂爲猛安謀克之官，始置長吏以下，天輔七年，以左企弓行樞密院於廣寧，尚踵遼南院之舊，」此文亦須加以解說如下：蓋遼至太宗時兼制中國，官而分南北，治契丹人以國制，治漢人以漢制，各隨其俗而治。故曰：「北面治宮帳部族屬國之政，南面治漢人州縣。」（遼史卷四五百官志）又曰：「既得燕代十有六州，乃用唐制，……誠有志帝王之盛制，亦以招徠中國之人也。」（遼史卷四七百官志）而遼之置北院樞密使，自世宗大同元年（九四七年）八月，任安搏始，南院樞密使以是年九月任高勳始，卽皆在太宗入汴，河北之地，一時悉入遼之版圖時。而金置樞密院於廣寧之天輔七年，恰在奪取遼人所領中國諸州之翌年。卽金史百官志所謂「踵遼南院之舊」，殆欲以此招徠漢人者也。換言之採漢人之官制，而不用女眞固有之官制者，卽因百官志所謂「平州人不樂爲猛安謀克之官」故也。則天會二年，宗望建議罷猛安謀克之制者，非一般皆罷，實專指平州也。兵志之記載雖不明瞭，既經研究，固不容有絲毫疑義矣。

至熙宗時，遼東之漢人及渤海人猛安謀克承襲之制亦廢。兵志曰「熙宗皇統五年（西曆一〇四五年）又罷遼東漢人渤海猛安謀克承襲之制，浸移兵柄於其國人。」大臬傳（金史卷八〇）云：「天眷三年（西曆一一四〇年）罷漢渤海千戶謀克，以臬舊臣，獨命依舊世襲千戶。」其廢止之年次彼此相差五年，不知何者爲正。要之漢人及渤海人爾後決不再授世襲猛安謀克矣。（1）今試根據金史之記載，將曾受此榮爵之漢人及渤海人之名，列舉如左：

（a）漢人　王六兒　王伯龍（卷四四兵志）　韓慶和　張應古　劉仲良　李孝功　劉宏（卷二太祖紀）　李石（卷八六）　趙隳（卷八一）（2）

(b)渤海人　二哥（卷二太祖紀）　高楨（卷八四）　大臭（卷八〇）

其後海陵正隆六年（一一六一年）契丹人叛，遼東之猛安謀克，有應之者，朝議欲徙之於內地。完顏守道激烈反對，事遂中止。事見金史（卷八八）完顏守道傳。當時遼東原不應有漢人渤海之猛安謀克，而女眞人之猛安謀克，又悉從南征，則所謂「遼東猛安謀克」者，必爲契丹人無疑。然彼等因曾叛亂，大受金廷之疑忌，至世宗大定九年，遂喪失世襲猛安謀克之特權。於是金史兵志所謂「浸移兵柄於其國人」者，始現諸事實。爾後所謂猛安謀克，必爲女眞人。契丹人猛安謀克之與奪，當於次項詳述之。

(1)金史（卷四六）食貨志云：「凡漢人渤海人不得充猛安謀克戶」李通傳（同書卷一二九）海陵命爲宰相之語云：「遣使籍諸路猛安部族及州縣渤海丁壯充軍，」當罷漢人渤海人之猛安謀克時，此兩國人，於戰時爲州縣之軍而出征也。兵志云：「凡漢軍有事，則簽取於民，事已則或亦放免，」即其例也。渤海人當亦相同。

(2)其他尙有一二遺漏，亦未可知；如李石似爲遼東之漢人。其他當多相同，仍待考。

五　契丹人之叛亂與猛安謀克——金之對契丹策

金之建國，以滅遼而完成。當在中國開拓領土以前，已不待言；即其以後，關於遼故地遺民之處置問題，金之君臣，極費苦心。蓋金廷於外國人中契丹人（含奚人）之待遇，尤為注意；與對漢人渤海人者，不可同日而語。即如猛安謀克之榮稱，雖早由漢人渤海人奪回，而對契丹人則不惜永久授之。又如招討司，乃置於西南西北東北三路邊防軍衙之最重要者，金廷每命契丹人為本司長官招討使，亦其明證。蓋契丹民族，在東蒙古之勢力，自上古以來，即有根底，不易顛覆；況金既滅遼，同時與宋朝開釁，南方之征戰經略，既一日不可緩，而東蒙古之西邊，及外蒙古方面之蒙古民族，勢力亦不可侮；金乃採所謂以夷制夷之策，先懷柔契丹人以防禦西北民族之侵寇也。余所發表遼金時代糺軍之研究，若幸得正鵠，則組織糺軍者，即此等契丹人也。然金人對契丹政策，至世宗時而一變，以為不必優待，亦不必買其歡心，此實因海陵正隆末年契丹人撒八窩斡等叛亂之故。今先略敍此叛亂之始末，而後研究金廷之所謂善後施設。

正隆五年，金帝海陵欲伐宋，徵兵諸道，六年親征，十月丙午世宗即位於東京，（今之遼陽）丁未改元大定，十一月乙未海陵被弑。初海陵之徵兵也，使牌印燥合楊葛二人赴西北路，欲悉徵契丹之壯丁。契丹人哀請曰：「西北路鄰接外夷，世相征伐，互爲讎怨，若男子盡從軍南行，鄰夷乘虛來寇，老弱婦女皆將爲虜，使者幸入朝，爲我等陳情」—（大意）云云。燥合恐得罪，不敢許。楊葛愛之，病發而死。既而燥合復與其他使者二人同來，督促益急。契丹人知必難免，皆思亂，時西北路招討司有譯史撒八者，先誘衆殺招討使完顏沃側及使者燥合，復執其他使者二人。奪招討司署貯藏之武器，遂叛。議更立豫王延禧（遼之天祚帝）之子敖盧斡爲帝，推都監老和尚爲招討使。於是北邊羣牧概起應之，不應者皆被殺。烏古迪烈招討使烏林荅蒲盧虎亦遇害。咸平府之謀克括里，率其所部遙應之，南自東京北至濟州（今之農安）間，皆被擾；遂西與撒八合。金廷聞亂，命諸將伐之，兩軍相持數月，官軍不能勝，退於臨潢。撒八亦度勢不能支，欲投西遼（卽耶律大石之國）沿龍駒河（今之克魯倫河）西行。而部衆多不欲西，撒八之部將移剌窩斡遂殺撒八而代領其衆。東進而留於臨潢之東南新羅寨，以兵五萬圍臨潢，自稱皇帝，時大定元年（正隆六年）十二月也。金世宗命諸將救臨潢，及軍至，契丹人已解圍東去，而攻泰州，亦不能克。翌年春，金軍大舉北征，窩斡已棄泰州而圍濟州，戰敗西走。自是以後，契丹軍不振，經懿州川州等益西行，至今之灤河上流地方，窩斡被擒。九月，其亂悉平。契丹人之叛亂，前後亘三年之久，其地域不僅今之東蒙古全部，且南自遼陽北及長春農安皆被波及。金廷屢出大軍以臨潢爲中心轉戰四方，頗疲於奔命。幸上有英主世宗，諸將亦皆能奮戰，故能於賊兵未出長城以南時而平定之。

金廷經此大亂，其善後之施設何如乎？即亂後對契丹之政策，與亂前多相反也。吾人先據金史摘取重要之記載如左：

大定三年八月甲戌，詔參知政事完顏守道招撫契丹餘黨，戊寅詔罷契丹猛安謀克，其戶分隸女眞猛安謀克（卷六世宗紀）……（a）

窩斡已平，詔罷契丹猛安謀克，其元管戶口及從窩斡作亂來降者，皆隸女直猛安謀克，遣兀不喝於猛安謀克人戶少處分置，未經罷去猛安謀克合承襲者，仍許承襲，賑贍其貧乏者，仍括買契丹馬匹，官員年老之馬不在括限。頃之，世宗以諸契丹未嘗爲亂者與來降者，一概隸女直猛安中，非是，未嘗從亂可且仍舊，平章政事完顏元宜奏，已遷契丹所棄地，可遷女直人與不從亂契丹、雜處，上以問右丞蘇保衡、參政石琚，皆不能對。上責之曰，卿等每事先熟議，然後奏，有問卽對，豈容不知此。保衡、琚頓首謝，上曰，分隸契丹以本猛安租稅給贍之，所棄地與附近女直人及餘戶願居者，聽其猛安謀克官選契丹官員不預亂者充之（卷九〇完顏兀不喝傳）……（b）

大定二年賜姓完顏氏，往泰州路，規措討契丹事。……契丹已平，元宜還朝，奏請益諸羣牧鎧甲，詔從之，每羣牧益二十副，元宜復請益臨潢戍軍士馬，詔給馬六百匹（卷一三二完顏元宜傳）……（c）

大定五年正月乙卯，詔泰州臨潢接境設邊堡七十，駐兵三萬三千。（卷六世宗紀，卷九〇阿勒根彥忠傳互見）……（d）

是時（大定七年）窩斡餘黨散居諸猛安謀克中，詔子敬往撫之，仍宣諭猛安謀克及州縣漢人，無以前時用兵相殺傷，挾怨輒害契丹人（卷八九移剌子敬傳）……（e）

大定九年上疏論五事，……其二，契丹人可分隸女直猛安……上皆從之（卷七〇思敬傳）……（f）

大定九年正月戊寅，契丹外失剌等謀叛伏誅。（卷六世宗紀）……(g)

大定十七年，詔遣監察御史完顏覿古速行邊，從行契丹押剌四人，按剌，招得，雅魯，斡列阿，自邊亡歸大石，上聞之，詔曰，大石在夏國西北，昔窩斡爲亂，契丹等響應，朕釋其罪，俾復舊業，遣使安輯之，反側之心猶未已，若大石使人間誘，必生邊患，遣使徙之，俾與女直人雜居，男婚女聘，漸化成俗，長久之策也，於是遣同簽樞密院事紇石烈奧也，吏部郎中張滿餘慶，翰林修撰移剌傑，徙西北路契丹人嘗預窩斡亂者，上京，濟利等路安置，以兵部郎中移剌子元爲西北路招討都監。詔子元曰，卿可省諭，徙上京，濟州，契丹人，彼地土肥饒，可以生殖，與女直人相爲婚姻，亦汝等久安之計也，卿與奧也同催發徙之，仍遣猛安一員以兵護送而東，所經道路，勿令與羣牧相近，脫或爲變，卽便討滅，俟其過嶺，卿卽還鎭。上已遣奧也子元等，謂宰臣曰，海陵時，契丹人尤被信任，終爲叛亂，羣牧使鶴壽，駙馬都尉賽一，昭武大將軍术魯古，金吾衛上將軍蒲都皆被害，賽一，等，皆功臣之後，在官時，未嘗與契丹有怨，彼之野心，亦足見也，安禮對曰，聖主博愛天下，子育萬國，不宜有分別。上曰，朕非有分別，但善善惡惡，所以爲治，異時或有邊釁，契丹豈肯與我一心也哉。

（卷八八唐括安禮傳）……（h）

大定十七年又以西南西北招討司契丹餘黨心素狠戾，復恐生事，他時或有邊隙，不爲我用，令遷之於烏古里石壘部及上京之地（卷四四兵志）……（i）

大定十七年正月，詔西北路招討司契丹民戶，其嘗叛亂者已行措置，其不與叛亂及放良奴隸可徙烏古石壘部令及春耕作（卷七世宗紀）……（j）

大定二十一年四月，增築泰州臨潢府等路邊堡及屋宇。（參照卷八世宗紀，卷二四地理志泰州條）……（k）

據以上諸條，可知世宗對契丹善後策之一斑。大定七八年以前，專以懷柔爲政策。九年以後，對契丹人頗懷疑懼，可見漸有準備矣。今將九年以前及以後，分言之如左：

大定九年以前，對契丹人之措置。

（甲）據a e，降優詔招撫契丹人，使各安其處。而a之後半及b之開始，所謂罷「契丹猛安謀克」者，卽罷與亂之契丹猛安謀克也。參照後文自明。

(乙)據b，不與亂之契丹猛安謀克，仍使安堵，應世襲者，仍世襲之。

(丙)又據d，不與亂之契丹人，依然隸屬於契丹之猛安謀克。

(丁)據a b，與亂之契丹猛安謀克，則剝奪之其所管領之契丹戶口，使分屬於女眞猛安謀克中之戶口少者。

(戊)據b既廢罷與亂之契丹猛安謀克，所有新棄地，使不與亂之契丹人與女眞人雜居之，選契丹人中有官職者，授以猛安謀克，使管領其地之民。

(己)據e，下詔女眞人及漢人等，不得因前曾以干戈相見之故，對契丹人懷反感，而加以傷害。

大定九年以後對契丹人之措置。

(甲)據(f)則方針一變，全廢契丹猛安謀克，使契丹人分屬於女眞之猛安謀克。f條雖無奪契丹人猛安謀克特權之明文，但契丹人既分隸於女眞之猛安，則不能有契丹人之猛安謀克矣。蓋契丹之猛安謀克，不應管領契丹人以外之人民也。但杲否自此年實行？抑數年以後始實行？則不明。至思敬何故有此反對契丹的建議？世宗又何故嘉納此議？雖不能得其確據；但據g

條，是年正月有契丹人外失剌等謀叛伏誅之事，至少亦爲有力原因之一。世宗久抱保存國粹主義，自卽位之初已監視契丹人之行動，而早有所備矣。參看次項自明。

（乙）據hij等條，徙契丹人之一部於烏古里石壘部，及上京濟州等地，使從事農耕；又獎勵與女眞人通婚，力防禍亂之再發。曰「彼之野心亦足見也」；又曰「異時或有邊釁，契丹豈肯與我一心也哉。」皆可想見世宗對契丹人之態度。

（丙）據cdhk，亂後增給西北路諸羣牧及臨潢戍軍武器馬匹，又築堡屯兵於泰州臨潢之邊境，實防契丹人；而表面則云保護邊民。大定二十一年又大規模築設邊堡，一面防邊外民族之侵寇，同時並防契丹人叛亂於未發也。徵於世宗之女眞中心主義，殆無庸疑。

茲將出身契丹（含奚人）之猛安謀克，見於金史及歸潛志者，錄左：

耶律懷義（謀克，）蕭王家奴（奚人，猛安，）伯德特离補（奚人，謀克，）蕭仲恭（猛安，）蕭恭（奚人，謀克，）蕭裕（奚人，猛安，）括里（謀克，）別木（奚人，謀克，）蕭玉（奚人，猛安，）合住（奚人，猛安，）移剌順思阿不（謀克，）移剌蒲阿（謀克。）移剌粘合（猛安，）移剌買奴（猛安。）

以上十四人中前十一人乃順年代而舉者。合住於大定二年爲猛安，移剌順思阿不之爲謀克，以金史（卷九一）移剌成傳與世宗紀合考之，實在大定十三年以後，蓋特例也。故世宗之奪契丹人猛安謀克世襲之權，亦非定在大定九年。卽令是年曾已實行，其中亦當有一二例外。試觀渤海人大臬特許永久世襲之例觀之自明。移剌蒲阿之授世襲謀克，據金史（卷一一二）本傳在正大四年，據完顏合達傳（卷一一二）在正大七年，要之不可謂非特例也。最後二人，爲宣宗南渡以後之人，據歸潛志之記載可知。但爲新得世襲猛安者乎？抑由其父祖世襲者乎？無由知之。但亦特例也。因有此二三特例，遂有疑世宗未曾於九年或其後罷契丹人猛安謀克者；但余則依然作此主張。蓋一，因契丹人既隸於女眞之猛安謀克，不能認有契丹猛安謀克之存在。二，渤海人中有如大臬得特典之人。三，衞紹王至寧元年湖沙虎謀弒逆時，宣言將授世襲猛安三品官職，以誘守東華門之親軍將校。此雖叛徒供誘惑之例，但金廷被蒙古軍所窘，勢窮而破祖法，授此榮稱，以鼓舞將士勤王之心，蓋自然之勢也。前記之移剌蒲阿與完顏合達等皆得之者，卽其例也。四，強伸河中人，爲射糧軍之子弟，當卽漢人，天興元年閏九月授世襲謀克，後僅一年餘而金亡。由此可見金末制度之崩壞矣。

（1）最後二人見歸潛志（卷六）

六　地方官猛安謀克之地位

金史（卷四六）食貨志戶口條云：

京府州縣郭下則置坊正。村社則隨戶衆寡為鄉，置里正，以按比戶口，催督賦役，勸課農桑，村社三百戶以上則設主首。四人二百以上三人，五十戶以上二人，以下一人，以佐里正，禁察非違，置壯丁，以佐主首，巡警盜賊，猛安謀克部村寨五十戶以上設寨使一人，掌同主首，

即京，府，州，縣，之治所城下，置坊正；村或社置里正，里正之下，視村社之大小，置主首一人至四人。是為州縣之制度。猛安謀克之部，村寨中有五十戶以上者，置寨使一人，其職務與州縣之主首同。由是觀之，猛安謀克之領地，無相當於坊正里正之職員，惟寨使直隸於猛安或謀克，以催督賦役，勸課農桑。其領民集團之小，其政務之簡略，可以想見。今再述猛安謀克之領戶如左：

太祖為都勃極烈之第二年（西曆一一一四年）定三百戶為一謀克，十謀克為一猛安。然只

大體之標準耳，非必無出入也。收國二年（一一一六年）祕剌領曷速館戶三百而授謀克，（金史卷八六獨吉義傳）天輔二年（一一一八年）十二月，漢人劉宏率所部三千戶來降而授猛安，（卷二太祖紀）能適合於此規定之數，然亦偶然事耳。劉宏來降之年之閏九月，契丹人訛里野以北部百三十戶歸降，漢人王六兒以諸州漢人六十五戶歸降，亦皆爲謀克，此等反爲常例。蓋外國人概率其舊部而來投，戶數少則授謀克，多則授猛安，固不能有定數也。蓋當授與榮稱時，每以此爲大體之標準，其後永久因之。世宗大定十五年，遣吏部郎中蒲察兀虎等十人分行天下，改正戶數，定一謀克之戶數爲三百以下，定七謀克至十謀克爲一猛安。（金史卷四四兵志）此新制較舊制爲能合實際，而猛安謀克之數，亦得伸縮至某程度。大定二十年，世宗親告宰臣語中，有「一猛安所領八謀克」（金史卷四六食貨志）之語。更據金史（卷四六四七）食貨志，大定二十三年猛安謀克之領戶，猛安凡二百二，謀克凡千八百七十八，猛安謀克之領戶合計六十一萬五千六百二十四。據前記世宗之語，假定此年一猛安爲八謀克，則二百二猛安，當爲千六百十六謀克，故六十一萬五千六百二十四戶，爲三千四百九十四謀克之領戶。一謀克之領戶，約百七十六戶強；一猛安之領戶，約千四百八戶強。以此與金史（卷二四）地理志上京，咸平，東京，北京四路之府州領戶比較，殆不可同日語矣。蓋最少之會寧府，尚領有三萬戶以上；最少之慶州，尚有二千戶以上。其最多者，在府，則臨潢府有六萬七千餘戶；在州，則懿州有四萬二千餘戶。吾人前云猛安謀克之集團規模甚小，其信然矣。

猛安及謀克，在地方官中又占何等地位乎？金史（卷五七）百官志猛安謀克條曰：

> 諸猛安謀克隸焉。猛安，從四品，掌修理軍務，訓練武藝，勸課農桑，餘同防禦。（原註略）諸謀克，從五品，掌撫輯軍戶，訓練武藝，惟不管常平倉，餘同縣令。（原註略）

與猛安比較之防禦，即防禦州之長官防禦使也。位從四品，與猛安同。與謀克比較之縣令，有上縣中縣下縣三等，上縣即所謂赤縣令，較謀克低二級，爲從六品。防禦州之上有節鎮，（節度州）下有刺史州。節鎮以節度使（從三品）爲長官，刺史州以刺史爲長官。（正五品）州之上有府，長官名尹；（正三品）府之上有路，長官名總管。（正三品）猛安防禦使領戶之多少，則不可同日而語。上京路之肇州防禦使，尚五千餘戶；中國境內諸防禦使，多者八九萬戶以上，少亦一萬戶內外；兩者僅品位職掌相似耳。縣之戶數，雖無記載，但多於謀克之戶數則遠甚。要之管域之大小相去甚遠；惟其地位，猛安與防禦使謀克與縣令，大體相同耳。

猛安謀克，又隸屬何等官衙乎？吾人研究，尙未徹底。但金史兵志記載海陵遷都後，正隆元年徙上京諸宗室之猛安謀克於中都山東河間等中國各地時，云：「二年命兵部尙書蕭仲恭等與舊軍皆分隸諸總管府節度使授田牛使之耕食，以蕃衞京國」。則總管府及節度使，似皆爲猛安謀克之上官。總管正三品，掌「統諸城隍兵馬甲仗，總判府事」。節度使從三品，掌「鎭撫諸軍防刺，總判本鎭兵馬之事，兼本州管內觀察使事」。由其位置與職掌觀之，亦當爲猛安謀克之上官。但除諸州節度使外，尙有諸部族節度使，「從三品，統制各部，鎭撫諸軍，餘同州節度」。諸部族間之猛安謀克，當隸屬之。又招討司長官名招討使，「正三品，副招討使二員從四品，招懷降附，征討攜離」。滿蒙地方無總管府者，其猛安謀克蓋屬此招討使。「大定二十二年三月丁丑，命尙書省申勅西北路招討司，勅猛安謀克官督部人習武備」（卷八世宗紀）亦足表示其一端矣(1)。以上所述，若幸無謬誤，則可硏究其調査戶口之法。食貨志（在前引之文之後）云：「凡戶口計帳，三年一籍，自正月初，州縣以里正主首，猛安謀克則以寨使詣編戶家責手實，具男女老幼年與姓名，生者增之，死者除之，正月二十日以實數報縣，二月二十日申州，以十日內達上司，無遠近皆以四月二十日到部呈省，」云云。此中戶口計帳上達之手續，只就州縣言之，猛安謀克，當稍存異。想寨使先至管內各戶調查，作成戶口計帳，送於謀克，謀克送於猛安，猛安送於節度使或總管府（在北方者招討司）而後達於戶部。

參與猛安謀克之民政之官名寨使者，蓋因猛安謀克爲屯田軍而非都會，築壘寨而官民共居，故名寨使也。大金國志（卷一二）有

> 皇統五年春，……創屯田軍，凡女眞、契丹之人，皆有本部徙居中州，與百姓雜處，計其戶授以官田，使其播種，春秋量給衣馬，若遇出軍，始給其錢米，凡屯田之所，自燕山之南，淮隴之北，皆有之，多至六萬人，皆築壘於村落間。

亦其證也。同書（卷三六）屯田條，亦有與此大同小異之記載，如左：

> 屯田之制出上古，金國行之，比上古之制尤簡。廢齊國後，慮中國懷王三戶之意，始置屯田軍，非止女眞、契丹，亦有之，自本部徙居中土，與百姓雜處，計其戶口，給賜官田，使自播種以充口食，春

秋量給衣服，若遇出軍之始，月給錢米，米不過十斗，錢不過數千，老幼在家，依舊耕耨，亦無不足之歎。今屯田去處，大名府、山東、河北、兩關諸路皆有之，約一百三十餘千戶，每千戶止三四百人，所居止處皆不在州縣，築寨處村落間，千戶百戶雖設官府，亦在其內。(2)

所謂千戶者猛安也，百戶者謀克也。可知本文記者記事時（卽金末？）猛安之數，較大定年間大減，其領戶亦只三分之一耳。猛安謀克及其領戶，皆不居州縣，惟築壘寨於邊鄙之村落間居之。又同書（卷三三）燕京制度條云：

國初無城郭，星散而居，呼曰皇帝寨國相寨太子莊。後升皇帝寨曰會寧府，建爲上京。

金史地理志上京路條云：「國初稱爲內地，天眷元年號上京。」據宋趙彥衞之御寨行程，及趙子砥之燕雲錄，上京又名御寨，行程又稱爲北寨。金史列傳沿歷代正史之例，書某人者爲某地之人時，只記其路州縣而不記其村社。當記女眞人之鄉貫時，惟記某路某水（山）某猛安（謀克）而不記其寨名。故屬於猛安或謀克之寨名，載於金史者頗稀。僅會寧府海姑寨，隆州移離閔（水名）阿胡勒出寨，與府州不明之孥罕寨等耳。幸許亢宗之行程錄，洪皓之松漠紀聞，張棣之金虜圖經，趙彥衞之御寨行程等，記有滿洲及上京地方許多寨名。（參照滿洲歷史地理第二卷）其中有合叔孛堇寨，蒲里孛堇寨，托撒孛堇寨，漫七離孛堇寨，報打孛堇寨，句孤孛堇寨，沒達河孛堇寨等，殆皆金初孛堇（部長）所居，故有此名。皇帝居處名皇帝寨，國相居處名國相寨，與大金國志之記載相符，令人愉快。後孛堇改稱猛安或謀克，則某某孛堇寨，實亦可名某某猛安寨。但合打（前作合叔）蒲里等，爲孛堇人名乎？抑山水等地名乎？則未詳。（3）

（1）移剌子敬傳有「都監撒八仍於燕子城治猛安謀克事，」亦其一例也。都監原爲元帥府之官，然屬於招討司，當居副招討使之地位。

（2）掃葉山房本大金國志誤脫頗多，因據今歷代小史本及儼山書院本古今說海中所收之金志引之。

（3）金史地理志中寨名亦不少。例如北京路有利州蘭州寨，廣寧府廣寧縣，有閭城兎兒窩二寨，閭陽縣有大斧山，北川，二寨，興中府宜民縣條，有徽州寨，興州條有利民寨。此等或爲猛安謀克之寨，亦未可知。但河東北路之八寨，鳳翔路之十六寨，鄜延路之十八寨，臨洮路之九寨，似與此無關。仍待考。

七　猛安謀克之頽廢

熙宗時罷漢人渤海人之猛安謀克。海陵末年契丹人叛，世宗平定之，力挫契丹人之勢力，遂於大定九年罷其猛安謀克已如前述。世宗卽位時，女眞人之居漢地者旣多；又海陵醉心中國文明之餘弊，已漸次及於上下。女眞人尚武質實之舊俗，逐年衰退，國家之前途，極堪危懼。於是聰明之世宗，斷然執保存國粹，女眞中心主義。所以寵遇保護國家中堅之猛安謀克者，無微不至。今舉其尤爲顯著如左：

(a) 人種的觀念　大定十二三年頃，一日，世宗以山東之猛安貧戶處分法，問尙書右丞唐括安禮，安禮對曰，猛安人與漢人，今皆一家，皆是國人也。世宗甚不懌，責安禮曰「朕謂卿有智識，每事專倣漢人。若無事之際，可務農作，度宋人之意且起爭端，國家有事，農作奚暇。卿習漢字，讀詩書，姑置此，以講本朝之法，前日宰臣皆女直拜，卿獨漢人拜，是邪非邪，所謂一家者皆一類也，女直漢人，其實則二，朕卽位東京，契丹漢人皆不往，惟女直人偕來，此可謂一類乎？」(卷八八

唐括安禮傳）

（b）保存國俗　世宗一日與宰臣語曰「亡遼不忘舊俗，朕以爲是，海陵習學漢人風俗，是忘本也，若依國家舊風，四境可以無虞，此長久之計也。」（卷八九移剌子敬傳）

（c）優遇猛安謀克之理由　大定四五年頃，有司奏諸路猛安謀克怙其世襲而擾民者多，宜廢其世襲。平章政事宗憲曰：「昔太祖皇帝撫定天下，誓封功臣襲猛安謀克，今若改爲遷調，非太祖之約，臣謂凡猛安謀克當明核善惡，進賢退不肖，有不識者，其弟姪中更擇賢者代之。」世宗亦嘉納宗憲之說。（卷七〇宗憲傳）

（d）猛安謀克之教育　大定十一二年頃，世宗因猛安謀克之教育不完全，慨其不辨禮義者多，遂任命卿老以教導之。（卷八八紇石烈良弼傳）

（e）猛安謀克學習女眞語　大定二十六年三月，從親軍完顏乞奴之言，凡不能讀女眞字經史者，不得承襲猛安謀克。（卷八世宗紀）

此外如與州縣爭議，猛安謀克皆得有利益之裁斷，並奪州縣富豪橫領之官田，頒給彼等。又如獎農業，勵武藝，戒奢侈，或臨時贈給慰諭等。世宗在位二十九年間，皆小心翼翼，以求彼等健全發達，而保護其特權。蓋認此爲國家長治久安之策也。其後諸帝，概屬凡庸，不能繼承世宗之遺志。自猛安謀克始，一般女眞人漸染文弱之風，遂至不可挽救。

世宗崩，章宗立。即位之初，尚書省請許猛安謀克應進士試。章宗問於太傅徒單克寧，克寧答曰：「承平日久，今之猛安謀克，其材武已不及前輩，萬一有警，使誰禦之？習辭藝，忘武備，於國弗便。」章宗曰：「太傅言是也。」編金史者附記云：「章宗初即位，頗好辭章，而疆場方有事，故克寧言及之。」（卷二九徒單克寧傳）蓋章宗有欲隨己之所好，使猛安謀克學於大學之意，而克寧所言，又未便拒絕，故姑從之曰：「太傅之言是也。」翌年克寧死，遺表大意云：「人君往往重君子而反疎之，輕小人而終昵之，願陛下愼終如始，安不忘危。」是雖先朝遺臣之所當言者，但對於章宗，實頂門一針也。然章宗醉心中國文明，終背世宗之遺志，不用老臣之良言，克寧死後未幾，即使猛安謀克埋頭於學藝。金史兵志云：「章宗明昌間，欲國人兼知文武，令猛安謀克舉進士，試以策論及射，以定其科甲高下，」即其一證也。章宗在位二十年，其間非無保護女眞人之設施。但章宗本紀中，關於猛安謀克之記載甚少。除承安五年正月，定猛安謀克軍前怠慢者剝奪世襲權；同年五月定猛安謀克之爭鬬殺人者遇赦免死外，殆不見有可特筆記載者。而興學校，行釋奠禮，優待孔子後裔，譯寫經書，購求遺書等，關於學問之事則甚多。尤以法律制度之創定改正，幾於無年無之。金史章宗紀贊曰：

> 章宗在位二十年，承世宗治平日久，宇內小康，乃正禮樂，修刑法，定官制，典章文物，粲然成一代治規。又數問羣臣漢宣綜核名實，唐代考課之法，蓋欲跨遼宋而比跡於漢唐，亦可謂有志於治者矣。然婢寵擅朝，冢嗣未立，疏忌宗室，而傳授非人，向之所謂維持鞏固於久遠者，徒爲文具，而不得爲後世子孫一日之用。金源氏從此衰矣。

其論章宗之功罪，可謂能中肯綮者矣。要之自世宗時，金宋講和後，至章宗晚年，四十餘年，金之上下，享太平之樂。至泰和五年，宋兵突來，朝議主張防備，章宗曰：「以南北和好四十餘載，民不知兵，不忍先發」云（卷一二本紀）。猛安謀克之頹廢，女眞人之懦弱，原屬太平之流弊，非得已者；而章宗積極的破壞先帝之遺法，極力同化於漢人文明之跡，亦不可掩也。故謂金國之衰亡，章宗啓其端，可謂適當之論。今將世宗晚年以後，猛安謀克漸趨頹廢，終失其爲國家中堅之價値之例，揭示二三如左，以供參考。歸潛志卷八曰：

金朝士大夫以政事最著名者曰王翛然，（中州集云王翛，字翛然，范陽人，皇統二年進士）曾同知咸平府，（今之開原）攝府事時遼東路多世襲猛安謀克居焉其人皆女直功臣子，驁亢奢縱不法公思有以治之會郡民負一世襲猛安者錢，貧不得償，猛安者大怒率家僮輩強入其家，牽其牛以去。民因訟於官。公得其情，令一吏呼猛安者，其猛安者盛陳騎從以來，公朝服召至廳事前，詰其事，趨左右械繫之乃以強盜論杖殺於市一路悚然。後知大興府（今之北平）素察僧徒多游貴戚家作過乃下令，午後僧不得出寺，街中不得見一僧有一長老犯禁，公械之，……杖一百，死。自是京輦肅清，人莫敢犯，世宗深見知，故公得行其志也。

以上為世宗時事。及宣宗遷都汴京猛安謀克之暴橫殆不可制。歸潛志（卷六）曰：

南渡之後，為將帥者多出於世家，皆膏粱乳臭子。若完顏白撒，止以能打毬稱，又完顏訛可，亦以能打毬，號杖子元帥。又完顏定奴號三脆羹，有以忮忍號火燎元帥者，又紇石烈牙忽帶號盧鼓椎，好用鼓椎擊人也，其人本出親軍，頗勇悍，鎮宿泗數年，屢破宋兵有威，好結小人心，然跋扈不。

受朝廷制……在東方時，盧鼓椎之名滿民間，兒啼亦可怖，大概如呼麻胡云。

可想見當時之狀態矣。又曰：

南渡後，諸女直世襲猛安謀克，往往好文學與士大夫游，如完顏斜烈兄弟，移剌廷玉（本名粘合）温甫（本名買奴）總領夾谷德固，朮虎士，烏林答肅孺輩，作詩多有可稱。

作詩文者，原未必不好武事；然以猛安謀克而好文學，最爲世宗所不喜。而史曰「往往」，曰「多有」，亦可見當時之風尚矣。此外歸潛志敍南渡後士風頹廢之狀，極其詳盡，實可稱一篇金國衰亡史。雖非專就猛安謀克而言者，但在朝諸官既苟安而無恢復之謀，近侍弄權，胥吏專事，忠正之士又概被擯斥；猛安謀克固不能獨超流俗也。況彼等在世宗時獨擅殊寵，則其中章宗文明主義之毒必更甚，亦可想矣。

吾人非欲論文明之毒者，但猛安謀克居漢地既久，因好文明而失往年勇健質實之風，章宗以後，墮落日甚，至失其國防中堅之價值，則足資推測也。茲再就與此有關係之乣軍一言之。

余昔發表遼金時代乣軍之研究一文，對於乣字之音義(1)乣軍之組織及任務，有所論證。其結論之一部，曾云「想遼代十二行各宮分，遙輦三乣軍之外，任防禦西北蒙古人之羣牧及部族之軍隊，皆稱乣時，料乣軍二字必無邊戍軍之義。及至金世，西北邊契丹人內屬，使專當蒙古方面之守備，遂以乣軍之名稱此等契丹人之軍，其後內地女眞人及東北女眞人皆漸柔弱，猛安謀克相率而徙於內地，從事安樂，除當邊防之契丹軍（卽乣軍）外，已無精銳，故使當扈從天子之任也，」云云。關於乣軍之研究，猶有許多問題；前日之小編，亦自知不能完備，但大體尚無大誤。惟上文所引結論之末句，尚有詳說之必要，茲故利用此機會，一述乣軍南移之始。

章宗承安元年（一一九六年）十月，阻𨻶（此卽蒙古史所謂塔塔兒部）復叛，左丞相完顏襄將伐之，而出屯北京，（今老哈河畔大名城）會特滿羣牧族之契丹人陁鎖德壽據信州（今昌圖府八面城附近）而叛，各地乣人，亦剽略爲民患，襄慮此等乣人與德壽等合，移於京師（卽中都）附近之地慰撫之。(2)乣人之移住內地，當自此始。其後曾否復有乣人南遷，雖未可知；但泰和六年（西曆一二〇六年）大舉攻宋時，曾驅乣軍爲前鋒，見於楊雲翼傳。（金史卷一一〇）又紇石烈執中傳（卷一三二）云：「使宦者李思忠弒上（衞紹王）於衞邸，盡撤沿邊諸軍赴中都平州騎兵屯薊州，以自重，邊戍皆不守矣」如是，則似貞祐元年（西曆一二一三年）乣軍全部移於中都者。

（1）此小篇中關於乣字音義之部分，因有羽田學士之批評，（藝文第六年第九號）余曾於史學雜誌第二十六篇第十號答之音義上更無可言。

（2）金史（卷九四）內族襄傳云：「方德壽之叛，諸乣亦剽略爲民患，襄慮其與之合，乃移諸乣居之近京地撫慰之。或曰，乣人與北俗無異，今置內地，或生變奈何？襄笑曰，乣雖雜類，亦我之邊民，若撫以恩，焉能無感，我在此必不敢動。後果無患。」金史瑤里孛迭傳云：「承安二年，乣軍千餘出沒，剽掠錦懿間，孛迭追敗之，復獲所掠，悉還本戶，」可知乣軍非全部遷徙者。

以上事實雖非證明乣軍之勇敢，猛安謀克之柔弱者，然由他方面觀察之，乣軍之代猛安謀克而爲金廷兵力之中堅，已無可疑。貞祐二年，宣宗南遷汴京，乣軍護其鹵簿從之，至良鄉縣，宣宗疑乣軍有異志，欲奪所給鎧馬使還營，乣人大怒，殺其詳穩（乣軍之長官）某而叛，推斫答等爲帥，直向中都，遂與蒙古軍合圍中都而占領之。此據親征錄及元史（卷一）太祖紀所得之事實也。後繙金史，又發見數條如左：

（a）初宣宗將遷南，欲置乣軍於平州，（今之永平府）高琪難之。及遷汴，戒象多（抹撚盡忠）厚撫此軍，象多輒殺乣軍數人，以至於敗。宣宗末年嘗曰：壞天下者高琪象多也，終身以爲恨云。（卷一〇六朮虎高琪傳）

（b）抹撚盡忠，本名象多，……宣宗遷汴，與右丞相承暉守中都。承暉爲都元帥，盡忠復爲左副元帥。……宣宗有盡忠善撫乣軍，盡忠不察，殺乣軍數人，已而中都受圍。……（卷一〇一本傳）

（c）移剌塔不也，貞祐二年遷武寧軍節度使，招徠中都乣軍無功，平章高琪庇之，召爲武衞軍都指揮使。（卷一〇六本傳）

（d）興定二年十一月庚辰，宣宗御登賢門，召致仕官兵部尙書完顏蒲剌都……賜食，訪問時政得失，福僧乃上書曰：爲今之計，惟先招徠乣人，選擇乣人舊有宿望雄辯者，諭以恩信，彼若內附，然後中都可復，遼東可通，……（卷一〇四移剌福僧傳）

（e） 及宣宗南遷，乣軍潰去，兵勢益弱，遂盡擁猛安戶之老稚渡河。僑置諸總管府以統之。器械既缺，糧糒不給，朘民膏血而不足，乃行括糧之法，一人從征，舉家待哺，又謂無以堅戰士之心，乃令其家盡入京師，不數年，至無以爲食，乃聽其出，而國亦屈矣。（卷四四兵志）

據（a）（b）（c）三條，知宣宗雖有置乣軍於平州之意，但被高琪所阻，而留之中都。所留乣軍，怒彖多之暴橫，遂叛而與由良鄉還之同類，同投蒙古軍。三年五月，中都遂落於蒙古之手。乣軍之離叛，與中都之陷落，實金之致命傷。故宣宗終身以爲恨。再觀（d）條，興定二年，實卽貞祐三年之後三年也。此時蒙古諸軍，轉戰於遼東遼西及河北之地。遼西卽當時所謂北京路，殆完全歸蒙古占領。遼東於蒲鮮萬奴東遷後，形勢雖稍混沌，未能完全掃蕩金軍；但蒙古之占優勢，則無疑也。況前年秋，蒙古委勇將木華黎以經略中國方面之全權，合蒙古七部二萬三千騎，與女眞契丹及漢人諸軍，組成十軍，由遼東進攻河北山東諸城，其勢已不可當。當此之時，欲招徠乣軍代金國戰，殆如癡人說夢耳。而移剌福僧之意，則以爲是時別無他策，故曰「爲今之計，惟先招徠乣人，選擇乣人舊有宿望雄辯者，喻以恩信」云云。由此可見乣人之離叛，爲金國不可償之損失；又可想見猛安謀克之如何怯且拙矣。

於是(e)條所謂「糺軍潰去兵勢益弱」之意義亦明。至南遷後之金國，因兵卒之不足，與經濟之壓迫，遂益陷於悲慘之境遇，金史兵志記述甚詳，茲不復贅。

哀宗正大二年以來，大改兵制，選諸路精兵屬之於十五都尉，屢敗蒙古軍，金軍一時有飛躍之勢，稍堪注意。然詳察之收此效果者，非金之官軍，乃一種義勇軍，所謂忠孝軍忠義軍飛虎軍也。金史兵志曰：

復取河朔諸路歸正人，不問鞍馬有無譯語能否，悉送密院增月給三倍他軍，授以官馬，得千餘人，歲時犒燕，名曰忠孝軍，以石抹燕山奴蒲察定住統之。加以正大已後，諸路所虜臨陣所獲，皆放歸鄉土，同忠孝軍，給其犒賞，使河朔俘係知之。故此軍迄於天興至七千千戶以上將帥尚不預焉。又以歸正人過多；乃係於忠孝籍中，別爲一軍。減忠孝所給之半，不能射者，令閱習一再月，然後試補忠孝軍，是所謂合里合軍也。又以親衞馬軍舊時所選未精，必加閱試，直取武藝如忠孝軍者，得五千人，餘罷歸，爲步軍。凡進征，忠孝居前，馬軍次之，自正大改立馬軍隊伍，鞍勒兵甲，一切更新，將相舊人自謂國家全盛之際；馬數則有之；至於軍士精銳器仗堅整；較之今日，有不倅者；中興之期爲有望矣；一日布列曹門內教場，忠孝軍七千，馬軍五千，京師所屯建威都尉軍萬人，內族九住所統親衞軍三千，及阿排所統四千，皆哀宗控制樞密院時所選，教場地約三十頃，尙不能容。餘都尉十三四軍，猶不在是數。此外，招集義軍名曰忠義，要皆燕趙亡命，雖獲近用，終不可制。異時擅殺北使唐慶，以速金亡者，卽此曹也。

以上關於精兵甲仗之充實，亦見於赤盞合喜傳（金史卷一一三）故無可疑；然其言之誇張，則盡人能知之。但據此文，可略知所謂忠義軍等之組織及待遇。完顏陳和尙傳（卷一二三）又云：「忠孝一軍皆回紇，乃滿，羌渾，及中原被俘避罪來歸者，鷙狠凌突，號難制，陳和尙御之有方，坐作進退，皆中程式，所過州邑，常料所給外，秋毫無犯，街曲間不復喧雜，每戰則先登陷陣，疾若風雨，諸軍倚以爲重」云云，則彼等猛勇可知。此軍在陳和尙統率之下，博得大昌原之著名大勝，繼此又有衞州倒回谷之捷。在他軍連戰連敗之餘，獨擅常勝軍之名，固非偶然也。不但所謂「諸軍倚以爲重」，亦可謂爲金軍吐最後之氣者矣。然彼等素性鷙狠，加以猛安謀克已無戰意，乣軍復不歸，哀宗欲挽既倒之國勢，招募彼等，急欲買其歡心，不遑慮他日之患。不問其素性如何，與以三倍他軍之月給，又屢加犒宴。故漸次放縱而亂暴亦自然之勢也。於是或耽於賭博，（卷一一六蒲察官奴傳）或脅迫病中主將出城，（卷一一一撒合輦傳）或劫掠官庫大金，（蒲察官奴傳）在彼等已視同尋常事矣。天興二年九月，息州忠孝軍帥蔡八兒等來救蔡州時，其部將有名李德者，率十餘人乘馬入官衙叫月給不足，幾近詈罵。完顏仲德聞之大怒，縛德杖之。哀宗不懌，詰仲德云：「此軍得力，方欲倚用，卿何不容忍，責罰乃爾。」仲德答曰：「強兵悍卒，不可使一日不在紀律，蓋小人之情，縱則驕，驕則難制。」軍士聞之，雖至國亡，不敢犯云。（卷一一九完顏仲德傳）翌年正月，哀宗自縊，金國遂亡。仲德之懲戒悍卒，雖有過晚之憾，而忠孝軍最後爲金之君臣所倚賴，亦可據哀宗之語而知之矣。

又兵志有所謂忠義軍者，未詳何軍。但卽殺蒙古使唐慶者也或飛虎軍之異稱歟？按元史（卷一五二）唐慶傳云：「太宗四年七月，使慶再往，令金主黜帝號稱臣，金主不聽，慶以語侵之，金君臣遂謀害慶，夜半令兵入館舍殺慶，及其弟山祿興祿並從者十七人。」金史（卷一七）哀宗紀云：「天興元年七月，甲申，飛虎軍事申福蔡元擅殺北使唐慶等三十餘人於館。」兩相參照，可以互證。(1)

要之猛安謀克爲金人建國以來國防之中堅；其後先奪漢人渤海人世襲權，次又奪契丹人世襲權，兵柄全歸女眞猛安謀克之手。於是彼等漸次驕慢，更入漢地而中文明之毒，遂不足以任國防。金廷於是撤西北之守備，而以乣軍自守。惜爲主將者不解制御綏撫之法，及乣軍背叛，兵勢遂屈而不可復伸。日暮途窮，不得已而募義軍於四方，以忠孝忠義等美名稱其軍，厚其月給，屢加犒賞，以博彼等之歡心。然彼等本浮浪之徒，烏合之衆，無紀律，無訓練之悍卒也。終非柔弱怯懦之金廷將帥所能制。及勇將完顏陳和尙既死，彼等遂不可復制，而金國遂亡。

（1）飛虎軍又見金史（卷一七）哀宗紀及白撒傳（卷一一三）